Gebedenboek

Krachtige gebeden voor geestelijke strijders

GEBEDENBOEK

Krachtige gebeden voor geestelijke strijders

Anko Beijleveld

Pastor

Editorial Amor En Cristo

GEBEDENBOEK - Krachtige gebeden voor geestelijke strijders

PASTOR ANKO

©Anko Beijleveld

1ste druk

De Bijbelteksten komen uit meerdere versies van de Bijbel (o.a. HSV, Het Boek, Basis Bijbel, NBV)

Design: kiana.beijleveld@gmail.com

Gepubliceerd door: Editorial Amor en Cristo
Nederland
Contact: +31647404216
www.loveinchrist.nl

ISBN: 9789082800432

GEBEDENBOEK

Van: _______________________

Voor: _______________________

Dankwoord

1 Korintiërs 15:57 Maar God zij gedankt, die ons de overwinning geeft door onze Heere Jezus Christus.

Ik draag dit boek op aan mijn hemelse Vader, Jezus Christus, mijn Heiland en Verlosser, en de Heilige Geest. Ik dank mijn vrouw Francisca, die mijn grote steun is. Ze is een geweldige vrouw, een voorbeeldige moeder, een pastora, een vriendin en mijn grote hulp. In de tijden dat ze er alleen voor stond, is ze altijd een geweldige vechter geweest om de familie en de bediening te ondersteunen in woord en gebed.

Aan mijn dochters Ana, Kiana, Liana, Chantal, Keily en Kimberly voor alle liefde. Aan mijn schoonzonen Pedro, Emiel en Jose. En mijn kleinzoon Adam!

Met dank aan mijn voorgangers Antonio Pérez en zijn vrouw Nery. Hoewel ze ver weg zijn, zijn ze altijd beschikbaar om advies en hulp te geven in gebed. Dank aan alle voorgangers die me altijd hebben geholpen in de bediening.

En aan al mijn broeders en zusters van de kerken Amor en Cristo in Spanje en de broeders en zusters die Love in Christ steunen in Nederland. Ook dank aan zuster Mirella voor nalezen en corrigeren.
Aan mijn ouders, mijn broer, en schoonouders voor alle steun aan mijn familie.

Inhoudsopgave

INTRODUCTIE

1 Thessalonicenzen 5:17
Bid onophoudelijk.

Bidden is één van de essentiële onderdelen van het Christelijk leven. Maar het is ook juist datgene wat voor veel broeders en zusters moeilijk is. Zelf ondervind ik juist op dat gebied ook erg veel strijd.

Het Bijbelvers in 1 Thessalonicenzen 5:17 is daarom om ook zo confronterend. Bid onophoudelijk, bid zonder op te houden, bid continu. Hoe doe ik dat? Kan ik dat?

Ik ben erachter gekomen dat er niet zoiets bestaat als een perfecte bidder! Het gaat niet om de beste bidder! Het gaat om je hart, je geloof, je passie voor Jezus Christus.

Ik woon sinds 2002 in Spanje en heb mijn leven ook daar aan Christus gegeven. In 2011 heeft God me geroepen in ministry en in 2012 ben ik als pastor gestart in Barcelona (Spanje). Al die tijd heb ik alleen maar in het Spaans gepreekt, ik had niet eens een Nederlandstalige bijbel.

In 2020 tijdens de eerste Covid golf kreeg ik het idee om een nieuw YouTube kanaal te starten. De eerste video's waren korte studies in het Engels, maar dat was niet wat God wou. In september 2020 kreeg ik tijdens gebed ineens de drang om in het Nederlands te bidden. Kort daarna besloot ik mijn eerste gebed in het Nederlands op te

schrijven en op te nemen.
Ik voelde een sterke aanwezigheid van de Heilige Geest
tijdens die gebeden en besloot er meer op te nemen. In het
afgelopen jaar zijn er meer gebeden bij gekomen en
daarnaast ook een nagenoeg wekelijks live Bijbelstudie en
gebed.

In dit boek deel ik de gebeden in geschreven vorm zodat je
ook vanuit thuis mee kan bidden. Ieder gebed start met
een korte introductie, een korte studie, gevolgd door het
gebed.

Bij het gebed is er ook ruimte om zelf nog commentaar en
opmerkingen toe te voegen. Het doel is dat dit een
levendig boek wordt dat jou helpt om krachtiger te worden
in gebed.

In dit boek gebruiken we de volgende iconen:

: Voor een korte introductie van het thema

: Wat staat er in de bijbel

: Mediteer, overdenken, let op!

: Hier begint het gebed

Broeder en zuster! Bid zonder te stoppen!

Pastor Anko Beijleveld

DEEL I
GELOOF

HET ZONDAARSGEBED - ONTVANG JEZUS ALS JE REDDER

🎤 Introductie

Alle gebeden in dit boek staan of vallen bij de naam van Jezus Christus. Geloof in Jezus is essentieel om tot God te komen. Alleen in Hem kunnen we vergeving ontvangen. We zijn namelijk allemaal zondaars en hebben Jezus nodig. Jezus is onze redding.

Jarenlang heb ik gezocht naar oplossingen voor mijn problemen en rust in mijn leven. Geld, liefde, vrienden, feesten, pillen, noem maar op. Maar na lang zoeken en proberen ben ik erachter gekomen, dat alle wereldse oplossingen alleen maar tijdelijk zijn. Alleen in Jezus zal je authentieke liefde en rust vinden.

📖 Wat moet je doen?

Door Jezus kunnen we vergeving krijgen! En door Jezus alleen! Ook al zijn we allemaal schuldig bevonden. Hij maakt alles goed. God kijkt niet naar jouw verleden. Net zoals ik die kans heb ontvangen, krijg jij ook die kans. Hij houdt van jou!

Lees de volgende twee Bijbelverzen.

Handelingen 13:38
**Nu vertel ik jullie, broeders, dat jullie door Jezus
vergeving kunnen krijgen voor jullie
ongehoorzaamheid aan God.**

1 Johannes 2:2
**Hij nam de straf op Zich voor al onze
ongehoorzaamheid. En niet alleen voor die van ons,
maar voor die van alle mensen. Daardoor zijn we niet
langer schuldig.**

Wil je Jezus ontvangen? Spreek dan dit gebed uit:

 **Gebed**

*Mijn Here Jezus, op dit uur kom ik naar u toe!
Ik weet dat ik een zondaar ben en vraag u om vergeving voor al mijn
zonden. Ik verwerp vanaf vandaag alle zondige handelingen in mijn
leven! Here Jezus vandaag ontvang ik u als Heer en Redder van
mijn leven.*

*Ik weet dat je je leven voor mij hebt gegeven en dat God de Vader je
heeft opgewekt uit de dood. Here Jezus, schrijf mijn naam in het boek
des levens!
Ik zal kracht ontvangen als de Heilige Geest op mij is gekomen, en
ik zal overal een getuige voor je zijn in de naam van Jezus Christus.
Ik doe afstand van de wereld, het vlees en Satan in de naam van
Jezus Christus
Voor de glorie van de Vader, de Zoon en de Heilige Geest.*

Amen

 **Heb je Jezus vandaag ontvangen?**

Schrijf je naam hier als herinnering aan deze dag

Naam:

Datum:

Wat voelde je:

Ik raad je aan om een kerk te zoeken, die je kan helpen om verder te groeien in geloof. Het is heel belangrijk om contact te hebben met andere broeders en zusters die je kunnen steunen.

Zoek je een goede kerk en weet je niet waar je die kan vinden neem dan contact met mij op:
pastoranko31@gmail.com

HERSTEL JE GELOOF

🎙 Introductie

Dit gebed is speciaal voor die momenten dat je geloof zwak is. Misschien heb je veel strijd geleverd en kan je niet meer. Als de resultaten niet komen, is het soms heel erg moeilijk om in geloof te blijven staan.

Ik heb zelf ook momenten gehad dat ik niet meer kon. Ik was mijn bedrijf kwijt, we moesten ons huis uit, ik had geen inkomsten en mijn vrouw was ook nog eens zwaar depressief. Ik zag het niet meer zitten.

Waar was God nou? Waar waren die pastors en broeders nu? Ik voelde me alleen en zag het niet meer zitten. Op een bepaald moment stond ik op het balkon en keek vanuit 4 hoog naar beneden. Ik hoorde een stem zeggen: *"Spring, Je bent niks waard"*. Het leek wel of de duivel me alleen nog het laatste zetje hoefde te geven.

Maar juist op dat dieptepunt sprak God de woorden "Vertrouw me" "Vertrouw me".

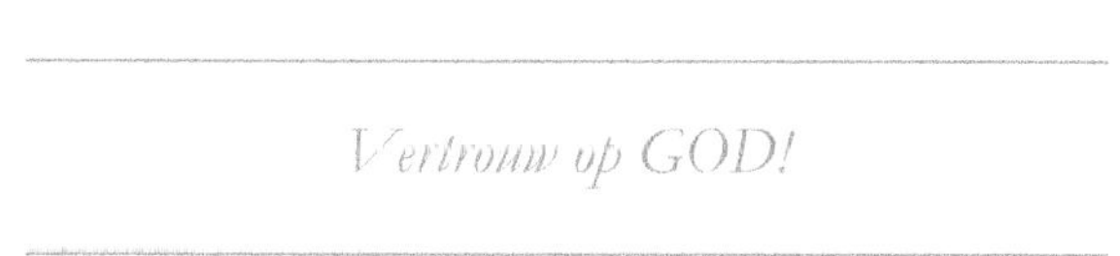

Vertrouw op GOD!

Snel werd ik geleid naar Gods woord.

Johannes 14:1
'Wees niet ongerust. Vertrouw op God en vertrouw
ook op Mij.

Ik weet niet of jij voelt wat ik nu voel. Maar Jezus Christus zegt je nu "Vertrouw op mij!" Ik ben bij je! Geloof! Kom dichter bij mij en ik kom dichter bij jou.

Vanaf dat moment leerde ik in geloof te stappen. Niet meer te vertrouwen op mijn kracht maar te vertrouwen op Zijn kracht.

📖 Stap in Geloof – Voorbeeld Jozua

Bestudeer de volgende verzen uit Jozua hoofdstuk 1

5 Niemand zal u kunnen tegenhouden zolang u leeft,
want Ik zal u helpen, zoals Ik Mozes heb geholpen. Ik
laat u nooit in de steek, Ik zal altijd bij u blijven.

Luister goed, je bent niet alleen! God zal je helpen. Ook al kan je niet meer. Niks en niemand kan je tegenhouden!

6 Wees sterk en moedig, want u zult de leider van
mijn volk zijn en u zult het helpen al het land te
veroveren dat Ik aan zijn voorouders beloofde.

Hoor je dat! God zegt je vandaag "Wees sterk en Moedig!! Jij bent niet zomaar iemand! Je bent een leider en wat God beloofd, zal ook voor jou uitkomen!

In vers 7 geeft God aan wat je moet doen!

7 U hoeft alleen sterk en moedig te zijn en heel de wet die Mozes u gaf, letterlijk te gehoorzamen. Als u dat doet, zal alles wat u onderneemt, gelukken.

Nogmaals! Wees sterk en moedig! Wees gehoorzaam aan het woord van God!

Wat is het resultaat??

Alles wat je onderneemt! Niet een beetje! Niet een paar procent! Niet 90% Nee alles, alles zal gelukken! Ik begrijp dat dat zeker niet makkelijk is, omdat de omstandigheden het tegenovergestelde zeggen, maar toch zeg ik je. Begin te lopen in Geloof! Kom dichterbij Zijn woord! Kom dichterbij God!!

¡JE KAN HET!
Zeg het zelf "IK KAN HET"

In vers 9 zegt God je nogmaals
Ja, wees moedig en sterk! Ban angst en twijfel uit uw hart. Onthoud dat de Here, uw God, u overal zal helpen.'

Kom op!!
Alle angst verdwijnt nu in de naam van Jezus Christus!
Alle twijfel wordt nu verbannen uit je hart in de naam van Jezus Christus!

God zegt je nu op dit moment via deze woorden. **"Ik ben hier! Ik ben er voor Jou! Overal zal ik je helpen!!**

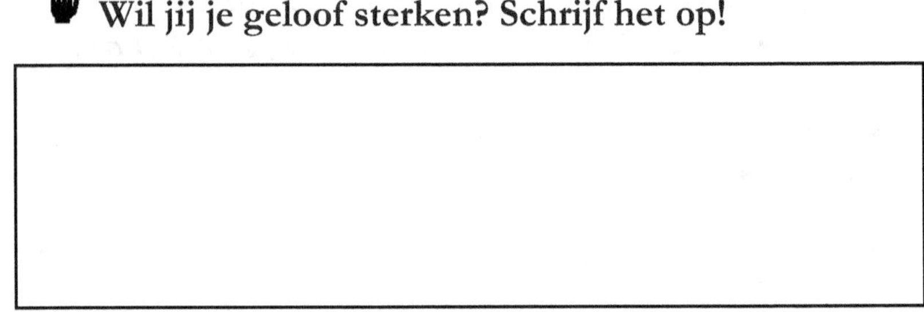 **Wil jij je geloof sterken? Schrijf het op!**

Gebed

Vandaag zal je geloof grote stappen maken en zal je groeien in zijn aanwezigheid. Alle negatieve gedachten worden nu verworpen in de naam van Jezus Christus. Zoek een plek om te bidden! En sluit de deur!!

Vader, ik kom tot U.
U verdient alle eer en glorie.
U bent mijn verlosser! Mijn redder!
Alles is door u gemaakt! Ik dank U mijn Heer voor de hemel, en de aarde! Uw gehele creatie is mooi en machtig.
Ik hou van u ABBA! ABBA Vader!
U bent mijn God!
Ik zoek u vroeg in de Morgen, mijn ziel heeft dorst naar u.
Uw goedheid en trouw overtreffen het leven zelf.
Ik zal met mijn mond Uw naam grootmaken.
U bent HEILIG HEILIG HEILIG mijn lieve Heer en Vader!

Mijn leven lang wil ik U prijzen, en mijn handen naar U opheffen wanneer ik bid.
U bent mijn helper! En voorziener!! De Alfa en de Omega, het begin en einde. Ik kom bij U mijn Heer!
Vergeef me al mijn zonden en vergeef ook mijn familie hun zonden mijn Heer.

Ik vraag u God, geef mij Uw Heilige Geest in de naam van Jezus Christus. Kom in mijn leven!
Raak mij aan Heilige Geest en leidt mij in dit gebed met onuitspreekbare verzuchtingen.

Ik voel de aanwezigheid van God in mijn leven! Nieuwe krachten komen op me.
De olielamp wordt gevuld in de naam van Jezus Christus.
Alle moeheid in mijn leven verwerp ik in de naam van Jezus Christus.
Alle negatieve gevoelens verlaten mij nu in de Heilige naam van Jezus Christus
Alle klappen en slagen die ik in mijn leven heb ontvangen veranderen in krachtbronnen waaruit ik ga putten!
Vader in de naam van Jezus breek ik alle giftige relaties in mijn leven.
Alle relaties die niet van de Heilige Geest komen, maar van het vlees worden nu verbroken in de naam van Jezus Christus.
Alle energie en kracht slurpende demonen verlaten NU mijn leven in de naam boven alle namen JEZUS CHRISTUS!!
Ik breek alle negatieve erfenissen in mijn leven in de naam van Jezus Christus.
Ik verwerp alle schuld, schaamte, zelfveroordeling, in de naam van Jezus Christus.

Ik breek alle manipulatie van mijn gedachten door satan en zijn demonen in de machtige naam van Jezus Christus!
Ik stel me volledig open tot U Jezus Christus.
Alle belemmeringen om in geloof te stappen zijn verwijderd in de machtige naam van Jezus Christus!
Vul me met uw aanwezigheid! Vul me met uw kracht! In de naam van Jezus Christus!

Amen Amen en Amen

Geloof dat je het al ontvangen hebt

Stap weer in Geloof!! Je zal het geloof nooit meer kwijtraken!

Markus 11:24
Wat je in het gebed ook vraagt, je krijgt het als je gelooft dat je het al ontvangen hebt.

Vanaf vandaag zal het geloof in je leven, alleen nog maar groeien. Onthoud altijd, geloof ter grootte van een mosterdzaad is meer dan genoeg.

DEEL 2
TONGEN

ONTVANG TONGENTAAL MET DIT GEBED

Introductie

We starten meteen met een krachtige manier om te groeien in het gebed. Voor velen is dit erg moeilijk of lijkt dit echt een beetje te spiritueel. Dit is bidden en spreken in tongentaal of klanktaal. Als je in tongen bidt, bouw je je geest op en bouw je ook je geloof op.

De eerste keer dat ik in mijn privé-plaats bad en de Heilige Geest op mij neerdaalde, was het een heel bijzondere ervaring. Ik voelde dat mijn mond rechtstreeks verbonden was met de Heer.
Ik was heel bewust maar tegelijkertijd voelde ik mij in een totaal andere dimensie. Het was als een rivier die over en in mij stroomde. Na deze eerste keer ben ik hier meer en meer in gaan groeien en het is een zegening voor mijn leven.

Mijn verzoek aan God is dat we allemaal in tongentaal kunnen bidden en ik weet zeker dat het ook voor jou mogelijk is. Want God wil jou vervullen!

Als je nog steeds niet in tongen bidt, vraag Jezus dan om je met de Heilige Geest te vervullen. Vraag om in tongen gedoopt te worden.

 ## Wat zegt de bijbel over tongentaal?

We gaan in op enkele Bijbelverzen over dit onderwerp zodat we het beter kunnen plaatsen.

Handelingen 2:1-4
Op de Pinksterdag waren zij allemaal bij elkaar gekomen.
Ineens kwam er uit de hemel een geluid, alsof er een storm opstak. Het was in het hele huis te horen.
Zij zagen iets dat op tongen van vuur leek, vlammen die zich boven ieder van hen verspreidden.
Zij werden allemaal vervuld van de Heilige Geest en begonnen in vreemde talen te spreken: woorden die de Heilige Geest hun ingaf.

Wat een mooie bijeenkomst moet dat geweest zijn. Ze waren allemaal bij elkaar. Ze waren ook unaniem en geconcentreerd op gebed in verwachting van de Heilige Geest.
De tongentaal kan privé tot je komen, maar ook wanneer je bidt in het gezelschap.
Er kwam een krachtige wind, een storm. Dit was een echte wind en deze wind kan ook vandaag je leven bereiken.

Ik heb de wind van de Heilige Geest gevoeld. Alleen in mijn kamer maar ook buiten. Op een dag ging ik alleen op de berg bidden. Ik viel op de grond om te bidden. En na een tijdje bad ik meer dan een uur in tongen. In een oogwenk voelde ik een wind die anders was. Warmer, speciaal voor mij. Het was niet de wind in het bos, het was de Heilige Geest die me in zijn aanwezigheid omarmde. De ervaring was zo speciaal, ik liep al lofliederen zingend de berg af.

1 Korintiërs 14:4
Als iemand in een klanktaal spreekt, bouwt hij zichzelf op. Maar als iemand woorden van God doorgeeft, bouwt hij de gemeente op.

Als je in tongen spreekt bouw je jezelf op. Het is echt iets heel speciaals voor jou alleen. Daarom is het zo belangrijk.

1 Korintiërs 14:14-18
Want als ik in een klanktaal bid, is het mijn géést die bidt, mijn verstand staat erbuiten.
Wat ik hiermee wil zeggen, is dat ik zal bidden met mijn geest én bidden met mijn verstand, ik zal tot eer van God zingen met mijn geest én zingen met mijn verstand. Want als u alleen met uw geest God prijst en dankt, hoe kan dan een belangstellende die daar ook is, zeggen of hij het met u eens is? Hij verstaat er immers niets van!
U dankt wel goed, maar een ander wordt er niet door opgebouwd. Ik dank God dat ik, als ik alleen ben, meer dan u allemaal in klanktalen spreek

Daarom broeders! Houd de tongentaal niet tegen. Laat het

komen! Verwijder alle blokkeringen in je denken. Ga niet denken wat doe ik nou, dit kan niet. Dit kan wel en het is voor jou!

 Het is niet imiteren

LET OP! Het gaat er niet om de talen van anderen te imiteren. Je hoeft niet hetzelfde te klinken als andere broeders en zusters. Dit is persoonlijk! Het gaat erom dat de Heilige Geest Heerschappij en controle krijgt over jouw leven. In eerste instantie lijkt het alsof het gewoon een soort dadada is. Maar als je jezelf echt overgeeft aan de Geest, zal je zien dat je in de tongentaal gaat bidden en groeien.

Velen houden het bidden in tongen tegen uit angst of schaamte. Maar het is helemaal niet slecht! In tegendeel! Het is een zeer krachtige manier om geestelijk te groeien.

Judas 20
Maar, vrienden, u moet uw allerheiligst geloof sterker laten worden en u bij uw bidden laten leiden door de Heilige Geest.

Broeders en zusters laat de Heilige Geest je vertellen wat je moet zeggen. Bid in klanktaal! Doe met me mee in dit gebed en ga vloeien in tongen die de Geest je ingeeft. Je gebedsleven zal nooit meer hetzelfde zijn.

🔥 Gebed

Ik zal voor je bidden zodat God jou de belofte geeft! Vandaag gaan de tongen vloeien in je leven! Zoek een plek waar je even afgezonderd van iedereen kan bidden! In de naam van Jezus Christus en met de autoriteit van zijn woord bid ik nu voor jou die dit nu leest. Ik leg mijn handen op je en je ontvangt NU de kracht van de Heilige Geest. Doe mee met onderstaand gebed!

God dank u voor al Uw liefde!
Dank u voor uw zoon Jezus Christus die voor mijn zonden is gestorven. U bent groot en machtig. De Alfa en de Omega, het begin en het einde. Mijn rots waarop ik bouw!
Vergeef mij al mijn zonden.
Ik geef me over aan U mijn Heer! Neem mij op in Uw armen!
Heilige geest, ik nodig u uit in mijn leven.
Ik vraag u Heilige Geest, kom in en op mijn leven!
Doop mij nu in uw Geest mijn Heer!
Ik hou me vast aan de belofte van Jezus Christus en ontvang NU de kracht van de Heilige Geest.
Mijn Heer, ik vraag u, Raak mijn tong aan met uw vurige vlam! In de naam van Jezus Christus!
Alle twijfel gaat weg in de naam van Jezus Christus!
Mijn Heer raak mij aan met al uw kracht en macht in de naam van Jezus Christus.
Dank u mijn Heer! Dank u Jezus Christus! Dank u Heilige Geest!
Dank u voor wat u ons heeft gegeven. Zodat we mogen groeien in u!

AMEN AMEN EN AMEN!!

Je voelt het levende water in je! Je voelt zijn aanwezigheid.

✋ **Wat is jouw ervaring. Schrijf het op.**

GEBED VOOR GAVE UITLEGGEN TONGEN

🎤 Introductie

Velen verlangen naar de gave van tongen, maar vergeten dat uitleg essentieel is voor de opbouw van Gods volk. In deze korte studie zal ik de gave van het uitleggen van tongen bespreken. Ook zal ik in gebed God vragen om deze gave aan jou te geven.

📖 Wat zegt de bijbel over uitleg tongentaal?

De uitleg van tongentaal kan worden uitgelegd als het "In een bekende taal iets uitleggen dat is geschreven of gesproken in een taal die anderen niet begrijpen."
In het boek Daniël hoofdstuk 5: 11-28 kunnen we dit aan het werk zien. Daniël kon uitleggen/interpreteren wat er met één hand op een muur was geschreven. Beltsazar zei tegen Daniël:

Daniel 5:14
Ik heb over jou horen zeggen dat de geest van de goden in je woont en dat je bijzonder wijs en verstandig bent.

Het is een voorbeeld van de interpretatie van een onbekende taal die geopenbaard moest worden door de

Heilige Geest.
In 1 Korintiërs 14 wordt het woord interpretatie gebruikt.
In het Grieks het woord Hermeneia.

Interpretatie van tongen/klanktaal is het vermogen om,
een vreemde taal die je niet hebt geleerd, te vertalen of
beter gezegd uit te leggen in de Geest, aan mensen die het
niet begrijpen.

Ik heb zelf meegemaakt dat ik in tongen sprak en iemand
anders het uitlegde. Waar ik meer dan een minuut in taal
sprak, zei de broer met de gave van uitleg alleen: "Verspil
geen tijd, bekeer je nu er tijd is". Het is namelijk niet een 1
op 1 vertaling, maar een interpretatie door de Heilige
Geest.
Wanneer je dit geschenk (want een gave is een geschenk)
ontvangt, ben je in staat om de boodschap te geven die
door een ander of door jezelf in tongen wordt gesproken.

De gave van uitleg van klanktaal kan zijn om tongen van
een ander uit te leggen, maar je kan ook aan God vragen
om de tongen die je zelf spreekt uit te kunnen leggen.

Wat moet je doen om dit cadeau te ontvangen?

1 Korintiërs 14:13
*Daarom moet iemand die in klanktalen spreekt, God
vragen of hij het ook mag uitleggen.*

✋ **Heb jij deze gave? Wil je deze gave ontvangen?**

🔥 Gebed

Doe mee met dit gebed en vraag aan God de gave van uitleg van tongen.

Vader, wij verheerlijken u, u bent de koning der koningen en heren.
Ik dank u voor uw grote liefde en uw grote trouw.
Mijn mond is vol lof over u, mijn God. Ik hou van U!
Mijn hart aanbid u Heer! U bent groot!
Alle eer en alle glorie is van u.
Dank u Jezus voor uw komst en mijn redding.
Dank u voor het offer aan het kruis.
Ik hou van u JEZUS!!! Help mij in mijn zwakheid!
Help bij dit verzoek dat ik u voorleg.

Heilige Geest, ik nodig u uit in mijn leven.
Zalf me. Doop me, bescherm me. Heilige Geest, moge u het gebed te allen tijde leiden.
Mijn Heer, In de naam van JEZUS CHRISTUS! Ik vraag U, geef mij de gave van uitleg van tongen.
Ik vraag u al uw wijsheid en oordeel uit te storten, zodat ik klanktalen kan uitleggen.
Ik bind en bestraf alle interpretaties die komen uit het vlees, en

emoties in de naam van Jezus Christus.
Ik bind en bestraf alle tongen en uitleg van tongen onder invloed van demonen in de naam van Jezus Christus.
Ik verzoek in de naam van Jezus Christus dat alle uitleg die ik ga ontvangen, rechtstreeks van u komt Heilige Geest.
Heilige Geest doop me met vuur! Geef mij de gave van uitleggen in de naam van JEZUS!! In de naam van Jezus!

Vandaag kniel ik voor u neer mijn HEER
En ik vraag u, open mijn spirituele oren
Zodat ik de talen die van u komen kan horen en begrijpen.
Ik vraag u om autoriteit
Om het door te geven aan iedereen die u woord nodig heeft.
 In de naam van Jezus!!

AMEN AMEN en AMEN

DEEL 3
BEVRIJDING

INTRODUCTIE BEVRIJDING

🎤 Introductie

We gaan nu een sectie in die zeer belangrijk is voor iedere Christen. Er wordt vaak gesproken over evangelisatie, over genezing, maar veel minder over bevrijding. Veel Christenen gaan ervan uit dat ze volledig vrij zijn op het moment dat ze Jezus ontvangen.

We zien echter ook in de Bijbel meerdere voorbeelden van gelovigen die toch gebonden waren. Kijk bijvoorbeeld naar het verhaal van Genezing van de kromgebogen vrouw in Lucas 13:10-17.
In vers 16 staat er duidelijk dat de vrouw een dochter van Abraham was.

 Wat zegt de bijbel

Lucas 13:16
En moest dan deze vrouw, die een dochter van Abraham is en die de satan, zie, nu achttien jaar gebonden had, niet losgemaakt worden van deze band op de dag van de sabbat?

We zien zelfs dat bijvoorbeeld Ananias en Saffira Christenen waren maar zich toch door de Duivel lieten beïnvloeden

Handelingen 5:3
'Ananias,' zei Petrus, 'waarom hebt u de duivel toegang gegeven tot uw hart? Waarom probeert u de Heilige Geest te bedriegen? Waarom zegt u dat dit de hele opbrengst van het land is, terwijl u een deel ervan achtergehouden hebt?

Wat betekent dit voor jou als Christen:
1. Je hoeft je niet te schamen! Je bent geen slechte christen als er nog kettingen of vloeken op je leven zitten!
2. Je bent gered in Christus
3. Ook jij zal vrijheid ontvangen in de naam van Jezus Christus
4. Je moet bereid zijn om volledige vrijheid te ontvangen

Ik raad je aan om deze gebeden serieus te doen. Ook al denk je zelf volledig vrij te zijn. Ik heb al vaak meegemaakt dat de meest serieuze christenen toch bevrijding nodig hadden.

Schrijf ook alles op wat er gebeurt en waarvan je wordt bevrijd omdat dat je helpt om in de toekomst die deuren niet nogmaals te openen.

BREEK MET VLOEKEN VAN NEW AGE

🎤 Introductie

We beginnen meteen met een van de problemen van deze tijd. Vloeken van New Age. Het probleem is dat er heel veel christenen zich hier bewust en onbewust mee bezig houden, of hebben beziggehouden. Breek daarom nu met alle vloeken van new age in je leven.

New age is een term die wordt gebruikt voor een verzameling occulte zaken die zeer tegen alles wat in de bijbel staat indruisen. Helaas zijn er ook veel Christenen gevallen voor de leugen van new age of het nieuwe tijdperk zoals ze dat zo mooi noemen. Veel mensen zijn op zoek en zoeken op veel plekken maar niet waar de waarheid is, namelijk in Jezus Christus.

📖 Wat zegt de bijbel hierover?

Maar wat zegt Jezus?

Johannes 14:6
'Ik ben de weg, de waarheid en het leven,'
antwoordde Jezus, 'Ik ben de enige weg tot de Vader.

In deze tijd is niet alleen de wereld beïnvloed door het new age denken, er zijn ook al veel kerken geïnfecteerd.

BREEK DAARMEE MIJN BROEDER EN ZUSTER!

In de new age wordt veel gefocust op het ontwikkelen van paranormale vermogens en het in contact komen hogere machten. Ik adviseer je, blijf daar heel ver van weg!! Ze maken misbruik van uw zwakte en stellen je open voor demonen.
Ik heb helaas zeer schrijnende bevrijdingsgebeden moeten doen om mensen, in de naam van Jezus Christus, los te breken van legio demonen die ze in hun leven hebben laten komen door zich open te stellen tot al deze duistere krachten en vloeken.

De bijbel is keihard over al deze occulte zaken.

Jeremia 10:1-4
Luister naar het woord van de Here, Israël: 2,3 'Doe niet mee met de mensen die hun lot en toekomst in de sterren proberen te lezen! Wees niet bang voor hun voorspellingen, want het zijn allemaal leugens. Het is zinloos en alleen maar dom. Zij hakken een boom om, maken er een afgodsbeeld van 4 en versieren dat met goud en zilver, waarna zij het met hamer en spijkers vastzetten, zodat het niet omvalt.

Doe niet mee!! Het zijn leugens!! Verwerp dit allemaal uit je leven. Als je hebt deelgenomen of nog steeds deelneemt aan alle soorten van Yoga, Reiki, Transcendente Meditatie, Oosterse gevechts-meditatie, Holistische gezondheidspraktijken, Genezend magnetisme, hypnose, narco-hypnose, zelfhypnose, trances, levitatie, mantra's en andere gezangen moet je daar NU mee breken.

De bijbel is duidelijk over het vragen om raad of een gunst bij waarzeggers of geesten. We worden onrein zegt het woord. Andere woorden voor onrein zijn goor, smerig, en vies! Het betekent ook afstand van God! We moeten daar dan ook niet lichtzinnig mee omgaan.

Leviticus 19:31
Jullie mogen niet aan de geesten van gestorven mensen of aan waarzeggende geesten om raad gaan vragen. Want als jullie hen wel om raad vragen, worden jullie onrein. Ik ben jullie Heer God.

In dit gebed gaan we breken met alle vloeken van new age in de naam van JEZUS Christus!!
Verwijder alles in je leven wat ook maar een beetje met het occulte te maken heeft.

Doe zoals beschreven is in handelingen 19:19.

Handelingen 19:19
Een paar mannen die vroeger aan toverij hadden gedaan, brachten hun toverboeken bij elkaar en verbrandden ze. Iedereen kwam kijken. Er werd geschat dat die boeken ongeveer 50.000 zilverstukken waard waren geweest.

Hecht geen waarde aan al die occulte rommel!! Zet vandaag de vuilnis buiten de deur! Misschien heb je het cadeau gekregen, misschien vind je dat beeldje wel mooi staan op de vensterbank. Doe het weg! En denk ook aan emotionele kettingen. Haal die contacten uit je telefoon, delete berichten, blokkeer die heks.

✋ **Neem de tijd. Wat heb je allemaal verwijderd.**

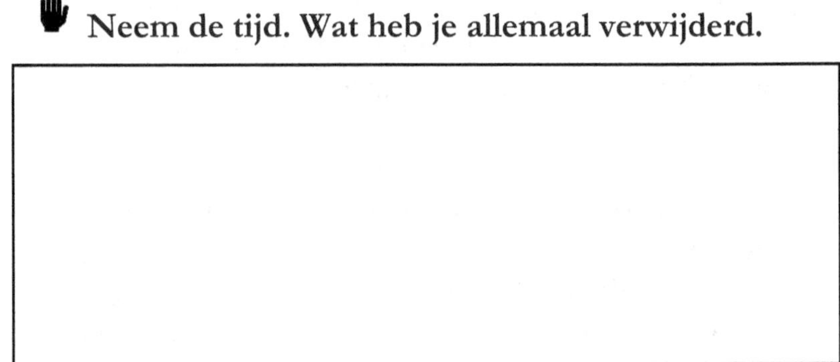

🔥 **Gebed**

Ik nodig je uit om samen met mij te bidden! Ik weet zeker dat God je vandaag vrijmaakt van alle vloeken van new age. Maar wees zelf ook sterk. Open NOOIT meer die deur in je Leven!!

✋ Het kan zijn dat je tijdens dit gebed een misselijkheid voelt en drang tot slijm uitspugen. Schrik niet! Deze demonen moeten compleet verwijderd worden uit jouw leven. Als dat gebeurt spreek en herhaal dan met autoriteit.

"IK BEN GEKOCHT MET HET BLOED VAN JEZUS CHRISTUS! JE HEBT NIETS IN MIJN LICHAAM TE ZOEKEN!!"

Doe dit gebed op een plek waar je zonder afleiding kan bidden.

Hemelse Vader, ik kom voor U, in de naam van onze Heer en Heiland, Jezus Christus;
U verdient alle eer en alle glorie. Er is er maar één die alle eer verdient! U bent mijn Heer en meester, de almachtige GOD van mijn leven! U bent Heilig Heilig Heilig! Er is geen naam boven Uw naam, mijn HEER!
Ik vraag u mijn zonden te vergeven!
Vergeef me, dat ik de deur tot new age in mijn leven heb geopend.
Vergeef me voor het openen van deuren van Voodoo en Winti.

Ik nodig de heilige geest uit in dit gebed. Kom in mij!
Help mij, om in kracht en geloof te stappen en te breken met alle occulte en new age vloeken in de naam van Jezus Christus!!

Bij de machtige naam van Jezus Christus verwerp ik alle vloeken en demonen van Yoga en Meditatie!!
Alle drankjes en medaillons en amuletten gerelateerd aan voodoo, Winti, brujeria en hekserij, worden nu verbrand en verbroken in de Naam van Jezus Christus!
Alle vloeken van hypnose en trances, levitatie en mantra's worden nu verwoest uit mijn leven met vuur en macht van Jezus Christus!

Alle vloeken en demonen die in mijn leven zijn gekomen, door middel van holistische gezondheidspraktijken en/of paranormale genezing, verwerp ik in Jezus zijn naam!
Alle relaties, bezoeken, invloeden en associaties met paranormaal begaafden, beoefenaars van oosterse meditatie, magnetisme, en Hypnose worden nu geannuleerd in de machtige naam van Jezus

Christus! Ik verwerp alle vloeken van Parapsychologie, Helderhorendheid, Helderziendheid, Geestelijke telepathie in de naam van Jezus Christus.
Alles wat ook maar direct of indirect mijn leven heeft beïnvloed door paranormale demonen wordt nu verstoten!
WEG uit mijn Leven! WEG uit het leven van mijn familie.

ER IS MAAR ÉÉN HEER EN MEESTER IN MIJN LEVEN! JEZUS CHRISTUS!!

Ik verwerp alle psychische overdracht van kracht in mijn leven.
IK verwerp alle demonische invloeden van astrale reizen, astrale projectie, spirituele gidsen en contact maken met "geascendeerde meesters" in de naam van Jezus Christus!
WEG UIT MIJN LEVEN!! WEG!!

Ik verwerp alle onderwerping aan occulte praktijken van acupunctuur, acupressuur, en andere exotische massages in de naam van Jezus Christus!
Ik verwerp en verbrand: alle geesten van kundalini, prana, kiyai, chakra's, chi, demonen van de 'kracht van de lucht', vishnu en shiva, in de naam van Jezus Christus!
IN DE MACHTIGE NAAM VAN JEZUS CHRISTUS!!!!

Ik ben vrij van alle new age gerelateerde vloeken en demonen!
In de machtige naam van Jezus Christus!

Amen en amen!

Voor we dit hoofdstuk afsluiten, **herhaal het volgende** samen om alle deuren voor eens en altijd te sluiten!

Ik belijd en doe afstand van elk verbond, gelofte of belofte gedaan aan de occulte of occulte leiders in de naam van Jezus Christus.
Ik verklaar ze nu ingetrokken en geannuleerd.
Alle vloeken die een directe of indirecte relatie hebben met new age zijn nu geannuleerd.
Ik beloof u Here Jezus dat ik mij NOOIT meer zal inlaten met deze duivelse praktijken.
Ik vraag u Heilige geest!

Waarschuw mij zodat ik niet in de val kan trappen van valse leraren of profeten of helers in de machtige naam van Jezus Christus.

AMEN EN AMEN!

✋ **Schrijf je ervaring**

BREEK MET GENERATIE VLOEKEN

 **Introductie**

Met dit gebed gaan we breken met alle generatie vloeken en kloppende geesten die je leven beheersen.

Helaas zijn er nog steeds veel mensen die lastiggevallen worden door vloeken en geesten gerelateerd aan het verleden. In veel gevallen resulteert dit in het vervallen in dezelfde gewoontes van generatie naar generatie. Families die veelal vervallen in verslavingen, echtscheidingen, misbruik en andere vormen van destructie.

Het kan zelf zijn dat deze geesten families niet met rust laten en zelfs door kloppen en andere bewegingen angst aanjagen. Veel mensen denken zelfs dat het misschien een oud familielid dat er nog is, maar nee dit zijn demonen die zich vastbinden aan families.
Met dit gebed gaan we, in de naam van Jezus Christus, breken met alle generatie vloeken en demonen!

Schrijf je eigen ervaringen op

📖 Korte bijbel studie

Voor we gaan bidden een aantal verzen uit de bijbel. Want ik zeg je! Het woord van God geeft ons de zekerheid van bevrijding!

Deuteronomium 24:16 Vaders mogen niet ter dood worden gebracht voor de zonden van hun zonen en zonen niet voor de zonden van hun vaders, iedere schuldige zal voor zijn eigen zonde ter dood worden gebracht.

Onthoudt dit goed! Jij betaalt niet de prijs voor de zonde van je ouders of familie!!

En **Galaten 3:13** leert ons
Christus heeft ons vrijgekocht van de vloek die de wet over ons bracht, door voor ons die vloek op Zich te nemen. Er staat immers: 'Iemand die aan een paal is opgehangen, is vervloekt.'

Wow! Alle vloeken zijn verbroken door onze Heer!! Laat je niet gek maken door demonen, geesten of vloeken! Ze hebben niks te maken in jouw leven! JIJ bent vrijgekocht door het bloed van Jezus Christus!
Geloof niet mij! Geloof het woord van God! En kom ook nu in overeenstemming met mij.

In **Johannes 8:3** zegt Jezus ons zelf
Als u door de Zoon van God wordt bevrijd, zult u werkelijk vrij zijn.

🔥 Gebed

Vandaag gaan we samen bidden om te breken met alle generatie vloeken en geesten.

Vader in de Naam van Jezus Christus kom ik vandaag tot u.
U bent groot en machtig! U bent de Alfa en de Omega, het Begin en het Einde. U bent de Christus, de Zoon van de levende God.
U bent mijn Schepper en mijn meester die mij altijd richting geeft. Ik prijs u omdat u naar me toe komt als ik dichtbij u kom. Ik prijs u omdat u mijn Helper bent
Ik dank u voor de overtuiging, correctie en bescherming van uw Heilige Geest in mijn leven.
Ik nodig u uit Heilige Geest in dit gebed. Raak me aan en ondersteun mij in dit gebed.
In de naam van Jezus Christus verwerp ik alle vloek van de wet op mijn leven en dat van mijn familie.
Ik breek generatievloeken van trots in mijn leven in de naam van Jezus Christus
Ik breek met alle vloeken en demonen van lust en perversie in mijn leven in de naam van Jezus Christus
Ik roep het bloed van Jezus Christus en breek met generatievloeken van rebellie in mijn leven.
Ik verbreek alle familiebanden m.b.t. hekserij en afgoderij, in de naam van Jezus Christus.
Ik breek met alle vloeken van afwijzing, in de naam van Jezus Christus.
Met vuur en kracht van de Heilige Geest, worden alle demonische invloeden in mijn leven nu verbrand en verwoest.
Ik verbreek alle vloeken van verslaving die bewust en onbewust in mijn leven zijn gekomen van generatie op generatie! IN de naam van

Jezus Christus!
Ik verwerp alle demonen van vernietiging. In de naam van Jezus
Christus!! NIKS! Maar dan ook NIKS kunnen jullie nog doen in
mijn leven.
Alle kloppende en angstaanjagende demonen. IK BEVEEL NU!
Jullie gaan nu weg in de naam van JEZUS CHRISTUS!!
Alle macht en generatie vloeken over mijn familie zijn nu verbroken
in de naam van Jezus Christus!

De deur is dicht!! De deur is dicht!!

Ik beveel alle generatie-geesten die tijdens mijn conceptie of geboorte in
mijn leven zijn gekomen om mij nu te verlaten in de naam van Jezus
Christus. (Herhaal meerdere keren!)
IK BEN GEKOCHT MET HET BLOED VAN JEZUS CHRISTUS!!
Alle generatie vloeken zijn gebroken!!
Vanaf vandaag zal elke vloek die tegen mij wordt uitgesproken
veranderen in een zegen in de NAAM van JEZUS Christus!

AMEN AMEN EN AMEN!!

God heeft het gedaan!
Ik raad je aan om dit gebed regelmatig te herhalen. Doe dit
ook samen met anderen in de familie.

ONTVANG BEVRIJDING VAN DE GEEST VAN IZEBEL

Introductie

Dit gebed is speciaal gericht op het verwerpen van de geest van Izebel! De Izebel-geest is een demonische, manipulerende en verleidende geest wiens doel het is om broeders én zusters te verdelen, te scheiden en dienaren van God neer te halen.

Openbaring 2:20-22 20
Toch heb Ik iets tegen u. U laat die vrouw Izebel maar haar gang gaan. Zij beweert namens Mij te spreken, maar leert de vreselijkste dingen. Zij verleidt mijn dienaren tot ontucht en het eten van vlees dat aan afgoden geofferd is. 21 Ik heb haar de tijd gegeven om zich te bekeren van haar ontucht, maar zij wil niet. 22 Daarom zal Ik haar op bed doen liggen en hen die ontucht met haar bedrijven laten lijden, tenzij zij met haar breken.

Je ziet dat deze geest infiltreert in de kerk, en in veel Christenen. Veel denken dat dit alleen vrouwen zijn, maar er zijn ook mannen die door deze geest zijn beïnvloed.

Mensen die onder invloed zijn van deze geest hebben veel

last van ernstige aanvallen van lust maar ook van verleiding en intimidatie.

Merk je dat iemand je wil manipuleren en beïnvloeden op seksueel gebied? Dit kan een teken zijn van de geest van Izebel. Als die persoon je ook wil verwijderen van goede vrienden, broeders, zusters en familie, kan je zien dat er een geest van Izebel aan het werk is.

De geest van Izebel wil iemand altijd isoleren van de rest. Het is daarom essentieel om deze geest hard af te wijzen in de naam van Jezus Christus.

✋ **Wie heeft invloed op jou gaan en laten?**

♦ Gebed

Vader, ik kom tot u in alle nederigheid.
Ik heb u nodig want ik merk dat ik onder invloed sta van een geest
van Izebel.
Ik vraag vergiffenis voor mijn zonden. Ik vraag vergiffenis voor
deuren naar perversiteit, die ik bewust en onbewust heb opengedaan
en opengelaten.
Heilige geest ondersteun mij in dit gebed.
Ik wil een tempel van u zijn.

Ik bestraf en bind de met Izebel verbonden geesten van hekserij, lust,
verleiding, intimidatie, afgoderij en verdeeldheid, in de naam van
Jezus Christus!

Ik bestraf alle geesten van valse leer, valse profetie, afgoderij en
perversie die verband houden met de geest van Izebel in de naam van
Jezus Christus!

Ik vernietig de missie van Izebel in mijn roeping, in mijn huwelijk,
mijn familie, en mijn werk, in de naam van Jezus Christus!
Ik verbreek en annuleer, in de naam van Jezus Christus, de kracht
van elk woord, dat door Izebel tegen mij is gesproken.

In Jezus zijn naam breek ik de tafel en verban ik al het voedsel dat
Izebel mij voorzet.

De Heer bevrijd je nu van alle vloeken
en Izebel-geesten

In de naam van Jezus Christus verbreek ik de missie van Izebel en haar dochters om de kerk te bederven.
Ik bestraf en vernietig elke geest van hoererij, in de naam van Jezus Christus
Ik bestraf en vernietig Izebel en haar hekserij! In de naam van Jezus Christus bestraf en verwerp ik alle macht van de hoer en moeder van tovenarij in mijn leven(en in het leven van mijn gezin), in de naam van Jezus Christus.
Ik verzoek u mijn Heer, bouw muren van vuur om mijn leven, om mijn gezin, om mijn kerk, tegen elke Izebel-geest die wil binnendringen.
God, U bent mijn veilige schuilplaats! Bouw een muur rondom mijn leven.
Er kan geen destructieve geest meer in mijn leven komen. In de naam van Jezus!

AMEN AMEN en AMEN

BREEK MET ZWARTE MAGIE

🎤 Introductie

Hekserij en tovenarij vertegenwoordigen magie in zijn ergste vorm. Ze zijn niet alleen destructief en corrupt, maar ze richten ook veel schade aan. Met dit gebed gaan we bidden om alle invloed van zwarte magie in jouw leven te breken. Misschien heb je zelf de lasten van zwarte magie op jouw leven, maar het kan ook zijn dat jijzelf betrokken bent geweest bij het uitvoeren van zwarte magie.

Ik heb gemerkt dat mannen en vrouwen individueel, families, kerken en zelfs landen onder invloed kunnen staan van hekserij. Dit kan verwoestende gevolgen hebben en daarom is dit gebed zo belangrijk.

In hekserij wordt er vaak gesproken over witte magie die zogenaamd genezend is en zwarte magie die destructief is. Laat je niet voor de gek houden het is allemaal afschuwelijk voor God!

✋ Heb jij direct of indirect te maken gehad met zwarte magie?

📖 Heb je zelf zwarte magie gedaan

In de bijbel staat:

Exodus 22:18
Een tovenares mag u niet in leven laten.

In de basis bijbel staat er: 18 Iemand die zich bezighoudt met toverij moet worden gedood.

Leviticus 19:26
U mag niets eten met het bloed er nog in. U mag niet aan wichelarij doen en u mag geen wolken duiden.

Of wel: Jullie mogen niet aan waarzeggerij of toverij doen. En in vers 31 staat er ook nog eens.

Leviticus 19:31
U mag u niet wenden tot de dodenbezweerders en tot de waarzeggers. U mag hen niet raadplegen, zodat u zich met hen verontreinigt. Ik ben de HEERE, uw God.

De bijbel is erg duidelijk. Als je je bezighoudt met magie, dan word je onrein. En ja, dat heeft gevolgen! We mogen op geen enkele manier betoveringen, waarzeggerij of hekserij beoefenen, omdat ze allemaal afschuwelijk zijn in Gods ogen.

Als je er ook maar iets mee hebt gedaan, moet je nu Christus ontvangen als je enige redder. Je moet je bekeren en Jezus accepteren als je verlosser! Zie hoofdstuk 1.

Daarnaast moet je ook afstand doen van alle zwarte magie waar je bij betrokken bent geweest!

 **Neem even de tijd en schrijf die occulte zonden op**

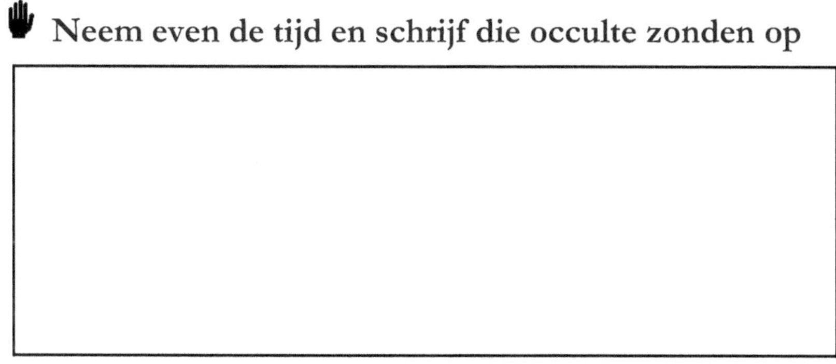

❧ Gebed

Heer, ik beken nu dat ik de hulp van Satan heb gezocht die alleen van u mag komen.
Ik belijd nu alle occulte zonden **(spreek ze 1 voor 1 uit)** *en ook de occulte zonden die ik me niet kan herinneren.*
Heer, ik heb berouw en doe afstand van al deze zonden en vraag U om mij te vergeven.
Ik doe afstand van Satan en al zijn werken;
Ik haat al zijn demonen; ik tel ze tot mijn vijanden.
In de naam van Jezus Christus sluit ik nu de deur voor alle occulte praktijken en zwarte magie,
Ik beveel al de hiermee samenhangende geesten, om mij nu te verlaten in de Naam van Jezus Christus.
Amen!!

📖 Zwarte magie op jouw leven

Het kan ook zijn dat jij zelf het slachtoffer bent van zwarte magie op jouw leven. Er zijn meerdere signalen die kunnen aangeven dat je last ondervindt van zwarte magie in jouw leven.

Misschien zit je in een depressie, of heb je last van onverklaarbare droefheid. Misschien voel je angst, terwijl je daar vroeger geen problemen mee hebt gehad. Misschien voel je je terneergeslagen terwijl je juist altijd een opgewekt persoon bent geweest.
Misschien gaat alles best goed op het gebied van financiën en gezondheid maar voel je toch een donkere wolk van onderdrukking op je leven.

Dit kan afkomstig zijn van hekserij op jouw leven.

Ik heb ouderlingen en evangelisten gezien die kracht hebben verloren en gebonden zijn door destructieve zwarte magie op hun leven.

In het begin van mijn ministry leerde ik een pastor kennen, hij had een grote kerk met veel leden. Een heks (geestelijke duistere macht) in de buurt had zwarte magie op hem uitgesproken. Toen hij naar huis liep, kwam hij hem tegen. Deze heks zei tegen hem, dat hij niet lang meer een ministry zou hebben.
De pastor lachte hem uit, maar vergat te bidden! Hij vertrouwde op zijn eigen kracht, hij was immers voorganger van een grote kerk. Niet lang daarna verviel hij in zijn oude alcoholverslaving en werd hij dronken op

straat gezien. Hij stapte af van het geloof en kort daarna wist niemand meer waar hij was.

Kan hekserij effect hebben op Christenen?

Sommige broeders vragen weleens of hekserij een effect kan hebben op Christenen.
Volgens de Bijbel is het mogelijk dat we de deur openzetten door iets te tolereren of toe te staan, wat een juridische basis biedt waarop Satan in ons leven kan handelen.

Maar als wij leven volgens zijn woord zullen de bezweringen ons niet kunnen raken.

Numeri 23:21-23
21Hij aanschouwt geen onrecht in Jakob;
ook ziet Hij geen kwaad in Israël aan.
De HEERE, zijn God, is met hem,
en de jubelklank van de Koning is bij hem.
22God heeft hen uit Egypte geleid;
Hij is hem als de hoorns van een wilde os.
23Want er bestaat geen bezwering tegen Jakob
of waarzeggerij tegen Israël.
Er wordt in deze tijd over Jakob gezegd,
en over Israël, wat God gedaan heeft.

Er was geen betovering of waarzeggerij die Israël zou kunnen schaden omdat God daar geen ongerechtigheid of perversiteit zag. Er was geen zonde die Satan het wettelijke recht zou geven om Israël aan te vallen door middel van hekserij. Als gevolg daarvan was Bileam niet in staat Israël te vervloeken. Zelfs als hij dit had kunnen doen, zou de vloek niet effectief zijn geweest. De mensen in Israël leefden in die tijd in gehoorzaamheid aan God.

 **Wat betekent dit!**

Als jij leeft in gehoorzaamheid van God heeft zwarte magie geen kans!

Niks zal werken. Maar heb je wel deuren opengezet naar zonden in je leven, dan heb je satan recht gegeven om je aan te vallen. Een open deur is niet alleen hoererij, stelen of moord, een open deur kan ook zijn opstandigheid, koppigheid, liegen, of jaloezie.

Wees eerlijk, schrijf alle open deuren van ongehoorzaamheid op!

🔥 Gebed

Hemelse vader! Ik kom tot u!
Ik prijs u mij Heer u bent almachtig en krachtig!
U bent de alfa en omega het begin en het einde.
U verdient alle eer en alle glorie! Niks is groter dan U!
Ik dank u voor de bevrijding van alle magie in mijn leven.
Ik vraag uw vergeving voor mijn zonden, in de naam van Jezus
Christus.

Heilige Geest ik nodig u uit. Leid mij in dit gebed!

Vader, ik kom nu tot U voor mezelf, mijn familie en broeders en
zusters! Ik erken dat ik opstandig, ongehoorzaam en koppig ben
geweest. Ik doe nu afstand van alle zonden.
Ik vraag vergeving en verlossing in de naam van Jezus Christus. Ik
bid voor genezing en verlossing in mijn leven, in de naam van Jezus
Christus!
Ik breng het bloed van Jezus aan!
Over alles wat u mij onder rentmeesterschap geschonken heeft, pleit ik
het bloed van Jezus Christus uit!

In de naam van Jezus, verbreek ik alle vloeken in mijn leven.
Mijn Heer, breek alle vloeken uit het verleden, alle vloeken over het
heden en over mijn toekomst(en over mijn nakomelingen),
Ik vernietig alle legale openingen en rechten die demonen hebben
misbruikt in de naam van Jezus Christus.
In de naam van Jezus Christus, berisp, breek en ontbind ik alle
kwade vloeken, amuletten, drankjes en spreuken uit zwarte magie.

In de Naam van Jezus Christus, bind ik alle demonen van hekserij,

Satan aanbidding, opoffering van mensen en dieren, en zwarte magie in mijn leven, mijn familie, en mijn gemeente.
Ik weiger en verwerp alle strikken, kuilen en vallen die tegen mij zijn opgezet in de naam van Jezus Christus.

<u>Ik verwerp alle handelingen van zwarte magie</u> op mijn leven, tot tien generaties terug in de naam van Jezus Christus.
Alle vloeken zijn gebroken!!

Al mijn vijanden zullen beschaamd worden.
Alle uitvoerders van zwarte magie op mijn leven en het leven van mijn familie zullen beschaamd worden.
Alles zal in het licht komen! In de naam van Jezus Christus!!
Vader, stuur speciale engelen om mij te beschermen en te verbergen.

Zet een muur om mijn heen, zodat vanaf nu af aan, geen enkele actie van zwarte magie mij kan raken, in de Machtige naam van Jezus Christus!
Ik dank u mijn Heer!
AMEN AMEN en AMEN!!

Je bent vrij! Gekocht met het bloed van
Jezus Christus!

BREEK MET DE GEEST VAN ANGST

🎙 Introductie

We leven in een tijd waarin de angst regeert. Veel mensen denken dat angst een stemming of houding is. Maar in de werkelijkheid is het een demon!

Wij mensen zitten vol met angsten. Angst voor ziekte, angst voor covid, angst voor een prik, een vaccin, angst voor de dood, angst voor heksen, angst voor de nacht, angst voor scheiding en ga zo maar door. Er zijn soms ook onbewuste angsten in je leven. Vaak mijden we situaties omdat we daar onbewust angst voor hebben.

Ook Veel Christenen leven nog vaak in angst. Daarom is dit gebed ook voor jou belangrijk.

📖 Wat leert de bijbel ons over angst

Angst is niet afkomstig van God. Het is duidelijk een andere geest.

2 Timotheüs 1:7
God heeft ons geen geest van angst gegeven, maar een geest van kracht, liefde en zelfbeheersing.

Zie duidelijk het contrast tussen een geest van angst,

versus een geest van kracht, liefde en zelfbeheersing. Iemand met de geest van angst is daarvan een slaaf. We hebben dat vaak niet door, maar de bijbel zegt daar het volgende over.

Hebreeën 2:15
Alleen op die manier kon Hij de mensen, die hun leven lang vrees voor de dood hadden, uit de slavernij bevrijden.

Broeder en zuster door angst is er vaak geen zelfbeheersing, dat kan vaak resulteren in boosheid, in ongecontroleerde huilbuien. Door angst hebben christenen vaak geen kracht in de geest.

Bij iedere uitdaging word je door de angst verlamd. Loop niet weg van je uitdagingen, stap erop af en sla die geest van angst weg. Door angst kan je geen liefde geven en ook geen liefde ontvangen. Het woord leert ons in

1 Johannes 4:18
In de liefde is geen plaats voor angst. Integendeel, de volmaakte liefde verdrijft de angst. Angst houdt altijd verband met straf. Wie nog angst kent, kent de volmaakte liefde nog niet.

Pas op want angst vernietigt liefde! Angst is onzekerheid. Door angst krijgen mensen vaak onzekerheid in hun relaties. Veel scheidingen zijn het gevolg van de geest van angst.

✋ Wat zijn jouw angsten?

🔥 Gebed

Neem voor dit gebed echt even de tijd. Zonder je goed af en herhaal waar nodig. Dit kan in sommige gevallen heftige reacties geven, van gapen tot overgeven. Maar laat je niet afremmen daardoor.

Wees sterk in de naam van Jezus Christus
en verklaar na dit gebed dat je geen
enkele angst meer hebt in je leven. Schrijf
het op!

Mijn Heer, ik kom bij u in alle nederigheid.
Ik hou van u, mijn Heer en ik leg mijn leven in uw handen.
U bent groot en machtig!
U bent de Alfa en de Omega, het Begin en het Einde.
U bent de Christus, de Zoon van de levende God.
Zonder u kan ik niets. Alleen u, mijn Heer geeft mij kracht en richting.
Ik vraag vergeving voor mijn zonden en ik vraag vergeving voor de zonden van mijn familie.

Ik nodig u uit Heilige Geest in dit gebed. Raak me aan en ondersteun mij met onuitspreekbare zuchten.
In de naam van Jezus Christus, bind ik de geest van angst in mijn lichaam
Ik ontbind krachtige hemelse engelen die mij ondersteunen in de machtige naam van Jezus Christus.

Alle demonische krachten die bij mij angsten veroorzaken worden nu afgebroken in de naam van Jezus Christus.
Alle angst en trauma verlaat nu mijn lichaam, in de Machtige naam van Jezus Christus.
Alle angst om te falen in het huwelijk, wordt nu verworpen in de naam van Jezus Christus.
Ik breek alle angst voor armoede en financiële problemen in de naam van Jezus Christus.
Ik verwerp alle angst voor ziektes en infecties in mijn lichaam in de machtige naam van Jezus Christus.
Ik verwerp alle angst voor duistere krachten in de naam van Jezus Christus.
Ik breek nu met de angst voor volledige zalving van de Heilige Geest in mijn leven, in de naam van Jezus Christus!
Ik verwerp NU alle angst om stappen te nemen in de roeping van God, in de naam van Jezus Christus!
Ik verbreek alle angst en onzekerheid over mijn redding in de naam van Jezus Christus.
De roeping op mijn leven is niet van een mens, niet van mij, de roeping is van GOD!!
Ik verwerp alle angst en belemmering om te zaaien in Gods Koninkrijk in de naam van Jezus Christus.

Ik verwerp alle angst voor het geven van tienden in de naam van Jezus Christus.
Ik verbreek alle angst en terreur van ongelovigen tegen mij en mijn familie in de naam van Jezus Christus.
Ik bind en verbreek alle invloed van de geest van angst op mijn geloofsleven in de naam van Jezus Christus.
Ik bind en verbreek alle invloed van de geest van angst op mijn liefdesleven in de naam van Jezus Christus,

*Ik verbreek alle bolwerken van intimidatie tegen mij en mijn familie
in de almachtige naam van Jezus Christus!*
AMEN EN AMEN!

*Broeder en zuster, ik ontbindt nu op je leven een geest van kracht,
liefde en zelfbeheersing in de naam van JEZUS CHRISTUS!*

*In de krachtige naam van Jezus Christus is alle
angst verdwenen uit je leven. Het vertrouwen
zal opbloeien en je hoeft niet langer achterom
te kijken.*

REINIG JE HUIS

🎤 Introductie

Het doel van dit gebed is het reinigen van je huis van alle demonische invloeden. Toen ik net Jezus had ontvangen, bemerkte ik altijd een zware druk thuis. Waar ik in de kerk vrij kon bidden was de atmosfeer thuis heel anders. Ik kon me niet concentreren in gebed en ook slapen ging vaak gepaard met nachtmerries.

Op een dag, kwam er een evangelist bij ons thuis op bezoek. Al snel begon hij te bidden om alle duistere onderdrukking uit ons huis te verwijderen. Op een bepaald moment merkte hij op dat er demonen aanwezig waren in verschillende voorwerpen. Nadat we deze hadden verwijderd, zijn we weer gaan bidden en op dat moment kwam er volledige bevrijding, in zowel mijn vrouw als ik.

Daarna hebben we met olie, ons gehele huis en alle voorwerpen in ons huis aan God opgedragen.

Vanaf dat moment verdween de onderdrukking en kwamen er ook geen nachtmerries meer in ons leven!

Dit is daarom een zeer belangrijk gebed, dat nodig is om je huis te transformeren van een plek van onrust naar een plek van rust en gebed.

 **Wat zegt de bijbel hierover?**

Het woord leert ons in Exodus 12:6-7 dat de Israëlieten het bloed van een lam moesten strijken aan de posten van de voordeur. Door dit bloed waren zij en hun kinderen beschermd tegen de dood die kwam op alle eerstgeboren kinderen en dieren.

Exodus 12:6-7
6 Tegen de avond van de veertiende dag van de maand moeten alle Israëlieten de dieren slachten. 7 Het bloed moeten ze strijken aan de posten van de voordeur van het huis waar zij eten.

Het bloed dat wij op onze voordeur strijken is het bloed van het perfecte lam Jezus Christus.

✋ Verwijder alle voorwerpen die te maken hebben met New Age (Zie hoofdstuk Breek met vloeken en demonen van new age).

Denk hierbij ook aan "cadeaus" van anderen!! Dit kan soms al een klein schilderij zijn of een in jouw ogen onschuldig beeldje.

Ik heb huizen gezien waar demonen zaten in teddyberen, omdat die kwamen vanuit een ander huis dat onder invloed van demonen stond.

Deuteronomium 7:26
Neem ook geen afgodsbeelden in huis om die te
aanbidden, want anders wordt u vernietigd, net als zij.
U moet er een afkeer van hebben, want het zijn
vervloekte voorwerpen.'

Het is daarom wel belangrijk dat wij zelf ook werk maken van het reinigen van ons huis. Zelfs al heeft iets een financiële of emotionele waarde, verwijder het! Je zal zien dat je in een opgeruimd huis ook rust en veiligheid zal gaan ervaren.

Belofte van veiligheid

Jesaja 32:18
Mijn volk zal in veiligheid leven, ongestoord wonen.

Dit vers spreekt over de zegen van veiligheid en ongestoord wonen die God aan Zijn volk geeft. Het is een belofte van rust, vrede en bescherming die geruststelling en vertrouwen brengt

Hou je vast aan het woord van God! Deze belofte is ook voor jou. Ik weet zeker dat je dit zal gaan merken in jouw huis!
Want met dit gebed gaan we samen het huis reinigen in de naam van Jezus Christus!

🔥 Gebed

Vader, neem mijn woorden ter ore!
Er is niemand en niets boven U.
U bent Heilig, Heilig, Heilig en verdient alle eer en glorie.
U bent de Alfa en de Omega. Het begin en einde!
Mijn leven is volledig in uw handen.
Ik kom berouwvol en vernederd voor u mijn Heer.

Vergeef me al mijn zonden. Ik heb u nodig mijn Heer.
U bent mijn toevlucht en mijn schild.

Heilige Geest ik nodig u uit in dit gebed. Begeleid mij Heilige Geest
in dit gebed!
Raak mij aan met uw kracht en geef mij alle autoriteit om mijn huis
te reinigen en te zuiveren van alle duistere invloeden.

Vader ik vraag u, in de naam van Jezus Christus, om mij en mijn
familie, mijn huisdieren en bezittingen te beschermen tegen alle
duistere invloeden.

Bekleed me met de volledige wapenrusting van God zoals beschreven
in Efeziërs 6 om zo met kracht en autoriteit te kunnen bidden.
Ik bind en verwerp, in de machtige naam van Jezus Christus, alle
demonische manifestaties en invloeden in mijn huis.
Ik spreek tegen demonen, heerschappijen, vorstendommen, en
beheersers van de duisternis. In de naam van Jezus Christus, Moeten
jullie NU stoppen met het aanvallen van mijn familie, mijn huis en
alle (slaap)kamers!!
Jullie gaan NU weg uit mijn huis! In de naam van Jezus Christus!
Jullie gaan NU weg uit mijn huisdieren, in de naam van Jezus

Christus!
Jullie verlaten nu alle kamers in de naam van Jezus Christus!!
Alle kamers en alle deuren zijn bestreken met het bloed van Jezus Christus!!
Alles in mijn huis is toegewijd aan Jezus Christus!! En geheiligd door Jezus Christus!!

Raak alle objecten een voor een aan en geef ze over aan Jezus!!

De deuren zijn gekocht met het bloed van Jezus Christus!
De vloeren zijn gekocht met het bloed van Jezus Christus!
De meubels zijn gekocht met het bloed van Jezus Christus!
De bedden zijn gekocht met het bloed van Jezus Christus!

Alle demonen die ook maar in de buurt willen komen van mijn huis, worden verbannen in de naam van Jezus Christus.
Geen enkel wapen dat tegen mij is gevormd, zal gedijen! In de machtige naam van Jezus Christus!
In de naam van Jezus Christus, verban ik alle vloeken in en rondom mijn huis!
Alle gebeurtenissen en trauma's uit het verleden, worden nu met vuur verbrandt uit alle kamers en plekken in mijn huis, in de Machtige naam van Jezus Christus.

Liegende duivel met je liegende demonen! Jullie hebben niets meer te zoeken in geen enkele kamer van mijn huis in de naam van Jezus Christus!
Je laat mij en mijn familie met rust in de naam van JEZUS CHRISTUS!
In de naam van Jezus Christus dank ik u mijn Heer voor de engelen

die waken bij elke ingang van mijn huis.

Ik dank u Jezus voor de schoonmaak van mijn huis. Ik dank u voor de complete reiniging!

Amen en AMEN!

 ## Herhaal het volgende:

Mijn Heer! Ik bedank u voor uw bescherming.
Ik bid voor kracht voor mij en iedereen die samen met mij hier woont.
Ik bid tegen elke tegenaanval, acties van wraak, of ongelukken!!
Tegen elke demon die nog in dit huis is zeg ik!
Je moet het huis NU verlaten in de naam van Jezus Christus!
Ga daar waar de Heilige Geest je zendt!

AMEN AMEN EN AMEN!!

BREEK MET ALLE GEESTEN VAN LUST

🎙 Introductie

Met dit gebed gaan we breken met alle geesten van lust die veel Christenen aanvallen. De bijbel spreekt heel duidelijk tegen lust en daarom is het essentieel die geesten te verwijderen! Lust betekent het hebben van ongecontroleerde seksuele verlangens. Deze geesten maken gebruik van de zwakheden van het vlees. Wanneer ik het heb over vlees betekent dat ons volledige lichaam, onze zintuigen, en onze gedachten.

Veel Christenen en zelfs ook veel Christelijke leiders, zoals voorgangers en evangelisten, zijn ten prooi gevallen aan deze geesten. Volledige kerkgemeenschappen zijn hierdoor kapot gemaakt door de duivel.

📖 Wat zegt de bijbel hierover?

In de bijbel zijn er veel voorbeelden van deze geesten in actie. Het resultaat is, dat deze geesten mensen leiden tot onreine seksuele daden die zelfs kunnen leiden tot misbruik.

In Genesis 19 staat over Sodom en Gomorra.

Genesis 19:4-5
Na het eten, toen iedereen zich klaarmaakte voor de
nacht, omsingelden de mannen van Sodom, oud en
jong, het huis en schreeuwden naar Lot: 'Laat je
gasten eens naar buiten komen, we willen
gemeenschap met hen hebben!'

Die plaatsen waren volledig in de macht van geesten van
lust. Een ander voorbeeld zien we in Richteren 19:22-25.

Richteren 19:22-25
22 Maar terwijl het binnen gezellig was, omsingelden
onverlaten het huis, bonsden op de deur en
schreeuwden tegen de oude man dat hij de man die
bij hem logeerde, naar buiten moest brengen, zodat
zij geslachtsgemeenschap met hem konden hebben.
23 De oude man ging naar buiten om met hen te
praten. 'Nee, beste mensen, doe toch alstublieft niet
zoiets schandelijks met de man die bij mij te gast is,'
smeekte hij. 24 'Neem mijn dochter die nog maagd is,
en de bijvrouw van deze man. Ik zal hen naar buiten
brengen en u mag met hen doen wat u wilt, maar doe
zoiets niet met deze man.' 25 Maar zij wilden niet
naar hem luisteren. Daarop duwde de man zijn
bijvrouw naar buiten en zij verkrachtten haar om
beurten en waren de hele nacht met haar bezig. Ten
slotte, bij het aanbreken van de morgen, lieten de
mannen haar gaan.

God spreekt in zijn woord heel duidelijk over
onzuiverheid. Hij houdt zich daar verre van en haat de

levenswandel van de zondaars.

Psalmen 101:3
Ik denk niet aan onzuivere dingen.
Ik haat de levenswandel van de zondaars.
Daar houd ik mij verre van.

Je merkt daarom ook, dat mensen die onder invloed zijn van lust, ver van God afstaan en zich afzonderen in eenzaamheid. Er is geen relatie met God maar er is alleen schaamte en walging.

Mattheüs 5:28
Maar Ik zeg: wie met begerige ogen naar een vrouw kijkt, heeft in zijn hart al overspel met haar gepleegd.

Er wordt vaak gedacht dat een beetje fantasie geen kwaad kan. Maar Jezus is heel duidelijk dat zelfs begerig kijken al overspel is.

Veel getrouwde mannen, maar ook vrouwen, zijn verslaafd aan pornografie en daar lijdt uiteindelijk de hele familie onder.

Paulus waarschuwt ons daarom ook dringend.

1 Corinthiërs 5:9
Ik heb u al eerder geschreven niet om te gaan met mensen die vrije seks bedrijven.

Doe je dat wel, dan zet je een deur open naar geesten van lust die je beetje bij beetje zullen domineren.

 Mediteer over lust in jouw leven

Voordat je met het gebed start, vraag ik je, om zelf eerlijk te mediteren op welke manier jij zelf onder invloed bent van geesten van lust. *Heb je veel seksuele dromen? Kijk je vaak pornografie? Word je vaak afgeleid door perverse gedachten?*

Schrijf ze op! Op die manier wordt het gebed persoonlijker.

🔥 Gebed

We gaan nu bidden en alle geesten van lust binden en
verwerpen in de naam van Jezus Christus!
Als je iets voelt opkomen, zeg dan met krachtige stem
"ERUIT IN DE NAAM VAN JEZUS CHRISTUS" en spuug het
eruit. Dit kan best wel heftig worden, maar het is wel nodig
om echt helemaal te breken met die vieze en hardnekkige
geesten.

Zoek een plek waar je ongestoord kan bidden! Neem de
tijd!

*Mijn Heer, deze dag kom ik bij u. U bent groot en machtig en
verdient alle eer en glorie. U bent de koning der koningen almachtig
en ver boven alles verheven.*
Ik vraag vergeving voor mijn zonden in de naam van Jezus Christus.
*In de naam Jezus Christus en in het gezag van de Heilige Geest,
verkondig ik over mijn gehele lichaam het bloed van Jezus. Laat het
zuivere en kostbare Bloed van Jezus, mijn geest, ziel, lichaam,
bewuste en onderbewuste gedachten, verbeeldingen, emoties en
zenuwstelsel volledig overvloeien.*
*Heilige Geest, doe wat u wil, u bent welkom in dit gebed. Vul ons
nog meer met Uw kracht.*

*Nu, in de Naam van Jezus, roep ik alle strijdende engelen op om alle
demonische entiteiten en bolwerken die mij aanvallen te binden en
nooit meer los te laten in de naam van Jezus Christus!*
*In de naam van Jezus CHRISTUS bind en verwerp ik alle geesten
van lust in mijn leven!*

In de naam van Jezus, verbreek ik de generatievloeken van LUST aan beide kanten van de bloedlijnen van mijn familie! Breek ze allemaal tot aan 10 generaties terug!
Ik BIND de geest van lust "Asmodeus" en beveel je mij NU te verlaten!
Tegen alle geesten van lust zeg ik nu!
Jullie zijn GEBONDEN in de Naam van Jezus!
Kom er nu UIT!! Kom uit mijn lichaam, kom uit mijn familie! NU in de NAAM van JEZUS CHRISTUS! (Herhaal meerdere malen)

Alle geesten die binnengekomen zijn via de mond, ogen of oren of door trauma! Ga nu WEG uit mijn lichaam in de naam van Jezus Christus!!
In de naam van JEZUS CHRISTUS!!
Ik breek en verwerp nu alle geesten van masturbatie, schuld, schaamte in mijn leven!
Nogmaals IK breek de macht van schaamte! WEG in de naam van Jezus Christus!
IK verwerp alle geesten van Veroordeling! Laat mij nu met rust in de naam van Jezus Christus.
Ik verbreek elke verslaving aan seks in de naam van Jezus Christus!

JE HEBT NIKS TE ZOEKEN IN MIJN LEVEN
Ik spreek tegen alle geesten van pornografie, maak jezelf los en kom er nu uit in Jezus' Naam.
Ik verwerp nu alle perverse geesten in de naam van Jezus Christus!
Ik verbreek en annuleer nu allerlei seksuele perversies!

(Wees eerlijk en spreek het uit)

Demonen van orale seks, demonen van anale seks, demonen sodomie, demonen van sadisme, demonen van masochisme, demonen van incest en verkrachting. Kom naar buiten!

IN DE NAAM VAN JEZUS CHRISTUS!!

Alle geesten die binnen zijn gekomen door trauma's van incest, verkrachting en molesteren, kom er nu uit!

IN DE NAAM VAN JEZUS CHRISTUS!!

Ga weg uit mijn lichaam, ga weg! Alle demonen die geworteld waren onder de vlag van trauma, worden nu vernietigd door het Bloed van Jezus Christus!!

Alle geesten van ontucht, overspel, immoraliteit, occulte seks, gluren, prostitutie, hoererij, onreinheid, smerigheid, smerige dromen, smerige gesprekken, smerige fantasieën en seksuele flashbacks worden nu gebonden en verworpen in de Naam van Jezus Christus!

Alle boze geesten van Incubus en Succubus, seks demonen, Lilith, Jasmine, verleider, ontrouw, droom seks, seks met demonen, verlaat mij NU in de Naam van Jezus Christus!

Alle perverse boze geesten van Pedofilie, internetseks, wederzijdse masturbatie, gluren, webcamseks, jullie worden nu gebroken met de kracht van de heilige geest. WEG!! In de naam van Jezus Christus! In de naam van Jezus Christus verwerp ik nu alle verleiding, lust van de ogen en lust van het vlees in mijn leven!

Amen Amen en Amen!!

 **Herhaal het volgende:**

In de naam van Jezus beveel ik elke demon die naar buiten is gekomen nooit meer terug te komen!
Mijn lichaam is een tempel van God! (1 kor.3:16) en van de Heilige Geest (1 kor. 6:19-20)
Heilige geest vul nu elke lege ruimte in mijn lichaam met u aanwezigheid!
Ik sluit alle deuren van lust in mijn leven, in de naam van Jezus Christus!

AMEN en AMEN!!

BREEK MET DE GEEST VAN DOOD

🎙 Introductie

In de geestelijke strijd moeten we begrijpen dat de geest van dood ook bestaat. Deze geest is een demon die veel pijn veroorzaakt. De geest van dood kan je fysiek aanvallen en werkt vaak samen met geesten van paniek, en van onrust, om mensen tot zelfmoord aan toe te kwellen. Met dit gebed gaan we de diepte in en deze geesten verwijderen.

Dit kan een moeilijk gebed zijn en ik raad je aan dit te doen na een dag van vasten. Let wel de duivel zal altijd obstakels plaatsen, maar vandaag ga jij dit gebed uitspreken met een doel. Bevrijding van de geest van Dood!

📖 Wat zegt de bijbel hierover?

We gaan lezen uit openbaringen.

Openbaringen 21 :4-8
4 Hij zal alle tranen van hun ogen afwissen. Er zal geen dood meer zijn, geen verdriet, geen rouw of pijn, want die dingen horen bij de oude wereld die voorbij is.' 5 Hij die op de troon zat, zei: 'Ik maak alles nieuw.' En Hij zei tegen mij: 'Schrijf het allemaal op, want wat Ik zeg, is waar en betrouwbaar. 6 Het heeft

zich allemaal voltrokken. Ik ben de Alfa en de Omega, het begin en het einde. Wie dorst heeft, zal Ik water geven uit de bron die leven geeft, voor niets. 7 Wie overwinnen, krijgen dit van Mij. Ik zal hun God zijn en zij zullen mijn kinderen zijn. 8 Maar lafaards, trouwelozen, verdorvenen, moordenaars, mensen die ontucht plegen, tovenaars, afgodendienaars en bedriegers staat wat anders te wachten: het brandende zwavelmeer, de tweede dood.'

Heb vertrouwen. Dit woord zal je rust geven. Hij zal alle tranen wissen! De dood heeft nooit het laatste woord! Er is ook een duidelijke waarschuwing in dit woord. Zet niet de deur open naar de geest van dood. Blijf heel ver verwijderd van lafaards, trouweloze, verdorvene, moordenaars, mensen die ontucht plegen, tovenaars, afgodendienaars en bedriegers!

De here Jezus Christus zegt ons ook het volgende.

Johannes 16:33
In de wereld zullen jullie het zwaar te verduren krijgen. Maar houd moed! Ik heb de wereld overwonnen.

Ook al is het zwaar ik weet zeker dat je met Christus zal overwinnen! Want hij heeft al gewonnen!

Mattheüs 10:28
28 Wees niet bang voor hen die wel je lichaam kunnen doden, maar niet je ziel. Wees alleen bang voor God

die zowel je ziel als je lichaam kan vernietigen in de hel.

Wees niet bang. Laat dit goed tot je doordringen. Lees dit vers meerdere malen. Al lijkt deze geest erg hardnekkig te zijn hij heeft geen enkele kracht als de alomvattende kracht van JEZUS op je komt.

Ik heb hier zelf ook strijd mee gehad en ook andere mensen in mijn omgeving. Ik dacht dat die gedachten, die aanvallen me altijd lastig zouden vallen. MAAR IK ZEG JE DIT! God is zoveel machtiger dan je denkt! Hij is zoveel meer dan welke geest of demon dan ook. Daarom zeg ik je! Doe mee met dit gebed, want die hardnekkige viezerik gaat je verlaten in de naam van Jezus Christus!

Vandaag vraag ik je dit gebed samen met mij te doen. Herhaal dit gehele gebed! Op onze tong liggen zowel de dood als het leven en vandaag gaan we vechten voor het leven!

Spreuken 18:21
Op de tong liggen zowel dood als leven!

GELOOF DAARIN!!

✋ **Mediteer een moment en zelf op "ik heb de autoriteit van Christus over mijn leven"**

🔥 Gebed

Neem voor dit gebed echt de tijd. Wanneer je een onrust voelt, neem dan even rust. Haal diep adem in en ook adem uit. Herhaal dit een paar keer en ga dan weer verder met het gebed.

ABBA Vader! Mijn Heer, mijn schepper!
In de Naam van Jezus Christus kom ik bij u.
Ik hou van U mijn lieve vader!
U heeft me zo vaak gered en ik adem nog steeds omdat u van mij houdt.
U bent de Christus, de Zoon van de levende God.
Mijn sterke rots waar ik op bouw!
Doe Uw wil mijn Heer! Hier op aarde zoals ook in de hemel!

Ik kom tot u in alle nederigheid.
Vergeef me mijn zonden! In de naam van Jezus Christus.
Ik nodig u uit Heilige geest in dit gebed.
Raak me aan en geef me kracht om vandaag te overwinnen.

In de Naam van de Heer Jezus, door de kracht van Zijn dierbaar Bloed, doe ik nu afstand van de geest van dood in mijn leven. Ik verbreek de vloeken en ontbindt mezelf en al mijn nakomelingen van alle spreuken van de dood op mijn leven.

Ik verbreek alle spreuken van vernietiging op mijn leven.
Ik verbreek al het kerkhof vuil, kist hout, kistspijkers, spelden, en naalden.
Ik verbreek alle spreuken van ziekte, en kwade ziekte op/in mijn

leven!
Ik breek met alle betoveringen
Ik breek met alle meditaties
Ik breek met ingebeeld kwaad en ingebeelde woede,
Ik breek met alle gebedskettingen tegen mijn lichaam en mijn leven.
Ik breek met alle hekserij of tovenarij in welke vorm dan ook.
Ik breek met alles dat op mij of mijn familie is gekomen door heksen,
tovenaars, en occulte personen.
Ik spreek tegen alle geesten van lelijkheid, zelfhaat, irritatie,
eenzaamheid, wanhoop, hopeloosheid, haat, zelfmoord, dood,
verwarring, afwijzing, ellende, kwelling, marteling, twijfel, en ongeloof!
IN DE NAAM VAN JEZUS CHRISTUS!
Jullie komen nu naar buiten naar de PLEK waar JEZUS jullie
naar toe zal sturen!

Maak jezelf los en laat ze Gaan! Haal diep adem in en adem uit en spreek uit!

NU IN DE NAAM VAN JEZUS CHRISTUS!!
WEG, WEG, WEG!!

Ik spreek tegen de geest van angst! Angst voor de dood!!
IN DE NAAM VAN JEZUS CHRISTUS!
Je Gaat NU weg!!

Maak jezelf los en laat ze Gaan! Schud ze van je af!!!

Ik spreek tegen alle geesten van hartfalen, hartaanval, hartziekte en
angst voor al deze kwalen in mijn leven.
Julie komen nu uit de spieren van het hart, uit de kleppen, de
zenuwen en de bloedvaten!

IN DE NAAM VAN JEZUS CHRISTUS!
Alle geesten die hartkloppingen veroorzaken!!
WEG! In de naam van Jezus CHRISTUS!!

Maak jezelf los en laat ze Gaan!

Demoon van dood! KALI!! Je gaat NU weg.
IN DE NAAM VAN JEZUS CHRISTUS!

Maak jezelf los en laat ze Gaan! Spreek met de autoriteit van CHRISTUS!

Ik ben gekocht met het bloed van Jezus Christus en geen enkele geest van de dood kan mij nog raken. Ik sluit nu alle deuren in mijn leven die in het verleden ingang hebben gegeven tot geesten van dood. Ze zijn nu voor altijd gesloten in de naam van Jezus Christus.

AMEN!! En AMEN!

DEEL 4
GENEZING

INTRODUCTIE GENEZING

We zien in de bijbel dat Jezus heel veel genezingen heeft
gedaan. Hij deed dat op veel verschillende manieren. Soms
met gebed, soms door aanraking, en soms was het iemand
die hem aanraakte, zoals de vrouw die leed van vele jaren
onafgebroken bloedingen.

Maar niet alleen Jezus genas de zieken. Ook zijn discipelen
zalfden en baden voor zieken. Ook vandaag de dag is er
genezing mogelijk in Christus. De kracht van God is ook
vandaag de dag nog steeds actueel. We moeten daar ook in
blijven geloven en vandaar uit gaan we in de volgende
pagina's bidden voor genezing!

OLIE OM TE ZALVEN?

We zien in de bijbel ook een belangrijk element dat vaak
gebruikt wordt in relatie met bidden voor de zieken. Dat is de
olie!

 **Wat zegt de bijbel hierover?**

Jakobus 5:14
*Als iemand ziek is, laat hij de leiders van de gemeente
vragen bij hem te komen om met hem te bidden en
hem namens de Here met olie te zalven.*

Let wel! Het is niet de olie die geneest, maar de olie is wel een middel om te zalven en te bidden! De olie vertegenwoordigt ook de kracht van de Heilige Geest. Maar je moet altijd in acht houden dat het gebed voorop staat en de zalving secundair is.

Zorg dat je een beetje olie apart hebt staan voor je gebed. Neem een beetje olijfolie. Giet een beetje in een aparte kop of klein flesje en spreek een gebed uit over de olie en zet het apart

 **Gebed om olijfolie apart te zetten**

Heilige Vader,

Vandaag bied ik deze olie aan U aan om het te zalven en te heiligen; vanaf dit moment, zal ik het uitsluitend en exclusief gebruiken voor datgene waarvoor U mij zegt het te gebruiken. Ik wijd het aan u toe Heer, als een symbool van de Heilige Geest, dat zijn tegenwoordigheid in hem is, zodat het dient om mensen, dieren of dingen te zalven, te genezen en te bevrijden, dat elke ziekte en boze geest die er door wordt aangeraakt door Hem vlucht naar de afgronden; en dat elke persoon die ermee gezalfd is, vervuld wordt met de aanwezigheid van uw Heilige Geest. Mijn Heer, ik open nu mijn mond en zeg met geloof en in de kracht van Jezus Christus, dat deze olie gezalfd en geheiligd blijft! In Jezus zijn naam!

Amen en Amen.

GEBED VOOR ZIEKE KINDEREN

🎤 Introductie

Dit gebed is voor iedereen die weleens voor zieke kinderen bidden. Dit is vaak geen gemakkelijk gebed omdat we vaak emotioneel worden als we te maken hebben met een ziek kind en vooral met een zieke zoon of dochter.

Ik heb zelf meerdere malen voor mijn dochters moeten bidden en heb weleens momenten gehad, dat ik het door emoties niet kon opbrengen.

Toen mijn dochter nog geen jaar was, had ze erg veel last van zware bronchitis. We brachten haar uiteindelijk naar de huisarts, die haar doorverwees naar het ziekenhuis. Na lang wachten, was ze eindelijk aan de beurt. Ze moesten wat bloed prikken maar het lukte de zuster niet haar ader te vinden. Ze probeerde het meerdere keren, mijn dochter van nog geen 1 jaar keek me aan met huilende en angstige ogen. Ik kon het niet opbrengen haar zo te zien lijden. Gelukkig was mijn vrouw sterker. Ze begon te bidden en de rust kwam snel, en uiteindelijk waren we 30 minuten later alweer onderweg naar huis. Ze was helemaal gezond!

Dit was voor mij een wijze les, ik moet mijn gebed en geloof niet laten blokkeren door mijn emoties.

 Wat zegt de bijbel hierover?

Onthoud altijd dat kinderen een geschenk van God zijn. Hij wil echt het beste voor hen. Bid daarom met vertrouwen en weet dat wij ook kinderen zijn van de Heer.

Spreuken 17:6
Kleinkinderen zijn de kroon van de ouderen,
en het sieraad van kinderen zijn hun vaders.

En kijk eens wat Jezus deed met de kinderen. Hij stuurde ze niet weg. Hij nam altijd tijd voor kinderen en zegende hun leven.

Mattheüs 19:14-15
14 Maar Jezus zei: "Laat die kinderen met rust. Laat ze naar Mij toe komen en houd ze niet tegen! Want het Koninkrijk van God is voor mensen zoals zij." 15 En Hij zegende de kinderen. Daarna reisde Hij verder.

God houdt nog meer van onze kinderen dan wij zelf. Bid daarom met geloof voor je kinderen en vergeet niet om altijd de liefde van Jezus met je kinderen te delen.

In de bijbel staat een verhaal van een vrouw, die een slaapkamer voor de profeet Elisa liet maken, zodat als hij in de buurt was, hij een plek had om te slapen. Als dank vroeg Elisa aan God haar te zegenen met een zoon en ze kreeg dat wonder van God. Maar een aantal jaren later was de jongen samen met de vader en begon hij plotseling erg te schreeuwen. De vader bracht de jongen bij de moeder en hij stierf op het bed. Ze legde haar overleden zoon op bed in de slaapkamer, die ze voor de profeet had laten maken en ging op zoek naar Elisa. Daar aangekomen zei ze hem

2 Koningen 4:28 Toen zei zij: 'U hebt gezegd dat ik een zoon zou krijgen. En ik heb u gesmeekt mij niets wijs te maken.'

Maar God had een ander plan.

32 Toen Elisa het huis binnenging, lag het kind inderdaad dood op het bed van de profeet.
33 Hij ging de slaapkamer binnen, sloot de deur achter zich en bad tot de Here.

Hij bad meerdere keren tot God tot het moment dat de jongen nieste en weer tot leven kwam.
God zal het doen! Bid met vertrouwen zuster.

 **Gebed**

Olie is mijns inziens heel belangrijk bij het gebed voor zieken en vooral ook voor zieke kinderen. Neem nu wat olie en zalf je zoon of dochter! Zalf de borst, de keel, de rug, en terwijl je dat doet herhaal deze woorden:

Hemelse Vader
Ik kom tot u met een zwaar hart. Mijn kind waarmee u mij hebt
gezegend is ziek. Maar ik weet ook dat wij door de striemen van
Jezus Christus genezen zijn.

Vul nu eerst hieronder de naam van je zoon of dochter in.

Ik zalf nu mijn kind: (Vul Naam in)   *in de naam van*
Jezus Christus.
Zoals u woord zegt in Jacobus hoofdstuk 5 vers 15 geloof ik dat mijn
kind vandaag genezing ontvangt.
Raak elk orgaan aan en laat uw handen mijn kind genezen in de
naam van Jezus Christus.
Ik spreek tegen alle pijn en ziekte in mijn kind
Verlaat mijn kind NU!
In de naam van Jezus Christus!
Verlaat mijn kind!!
In de naam van Jezus Christus.
Ik geloof u God voor wonderen van genezing in het leven van mijn
kind.
Ik dank u God voor uw genezing van: *in de Naam van*
Jezus Christus!

DANK U!! AMEN EN AMEN!

✋ Een nieuwe gewoonte

Herhaal dit gebed meerdere keren voor je kind wanneer het ziek is. Máár nog belangrijker, zorg dat je regelmatig voor je (klein) kinderen bid en zalf hun ook regelmatig. Spreek bescherming uit over hun leven en zalf hun in het begin van de schoolweek en aan het einde van de schoolweek.

Zorg dat dat een nieuwe gewoonte wordt in je leven.

Als kinderen wat koorts hebben, begin dan niet met kinder aspirine of paracetamol. Begin met zalving. Spreek tegen de koorts en vertrouw op God zijn geneeskracht.

Het is niet verkeerd om kinderen medicijnen te geven, en ga ook zeker naar de huisarts wanneer dat nodig is. Maar zorg dat God ook in genezing op de eerste plaats staat.

Veel ouders gaan bij bepaalde klachten eerst naar dokter google, dan naar familieleden, dan naar de huisarts en als de situatie echt problematisch is dan alsnog naar Jezus.

Probeer dat om te draaien. Voorkomen is beter dan achteraf rennen. Begin met goede gewoontes op gebied van gebed en zalving voor je kinderen. Kijk daarna ook goed naar zowel fysieke voeding als spirituele voeding. We kunnen allemaal inzien dat een zak chips en Disney Channel niet het beste is voor onze kinderen. Probeer meer tijd te besteden aan je kinderen. Samen sporten, en wandelen, samen de bijbel lezen, samen bidden. Geef veel liefde.

Schrijf deze nieuwe gewoontes op en begin er naar te leven. Je zal zien dat God meer en meer gaat bewegen in je kinderen. Zelfs op momenten dat ziekte je kinderen wil aanvallen staan jullie samen sterk!

GENEZINGSGEBED

🎙 Introductie

Ontvang genezing in de naam van Jezus Christus. Het klinkt zo gemakkelijk denk je misschien. Maar ook vandaag is het mogelijk genezing te ontvangen met gebed. Geloof en jij kan een wonder ontvangen met dit genezingsgebed.

📖 Zieken werden bij Jezus gebracht

De bijbel leert ons dat er vele zieken naar Jezus gebracht werden.

Mattheüs 8:16
's Avonds werden verscheidene mensen bij Jezus gebracht die boze geesten hadden. Hij hoefde maar één woord te spreken en de boze geesten gingen uit de mensen weg. Ieder die ziek was, werd genezen.

Er staat hier iets heel krachtigs: "Ieder die ziek was, werd genezen". Niet een enkele, niet sommige, maar allen. In de HSV-vertaling staat "Hij genas allen die er slecht aan toe waren".

Ik put hier heel veel kracht uit. Toen ik een hernia had las ik iedere keer deze woorden. Ik sprak ze uit en ging bidden. Maar de pijn bleef maar aanhouden. Ik voelde mijn voeten tintelen en liep scheef omdat ik niet in staat was rechtop te staan.

Ik ging naar bed en sprak met luide stem uit. Mijn Heer ik voel wel de pijn, maar ik weet dat u mij gaat genezen. De dag daarna stond ik op en merkte ik dat het een stuk beter ging. In het begin dacht ik, het komt vast weer terug en liet ik de twijfel de vrije loop. Bij ieder pijntje in de rug dacht ik al snel. Het begint weer.

Ik merkte dat als ik de bijbel las, of aan het bidden was, alle pijn weg was. Toen begreep ik ineens! Ik ben al genezen, maar ik geloof het zelf nog niet.

Dit is iets wat bij veel mensen gebeurt. Ze hebben genezing, maar de hersenen geven nog steeds de signalen dat het niet zo is.

Lees eens dit krachtige woord!

Jesaja 53:4-5
4Voorwaar, onze ziekten heeft Híj op Zich genomen, onze smarten heeft Hij gedragen. Wíj hielden Hem echter voor een geplaagde, door God geslagen en verdrukt. 5Maar Hij is om onze overtredingen verwond,
om onze ongerechtigheden verbrijzeld. De straf die ons de vrede aanbrengt, was op Hem, en door Zijn striemen is er voor ons genezing gekomen.

Wie is dat? JEZUS!! Híj werd mishandeld vanwege ónze ongehoorzaamheid aan God. Híj werd geslagen omdat wíj zoveel slechte dingen deden. Híj kreeg de straf, zodat wíj vrede met God zouden kunnen hebben. Zíjn lichaam werd stukgeslagen met de zweep, zodat wíj genezing zouden kunnen krijgen van onze ziekten.

✋ God wil niet dat jij ziek bent! En ook niet dat je pijn lijdt!

Ik herhaal dit vaak en misschien lijkt dat wat overdreven. Maar het is belangrijk dat je dat begrijpt. God wil echt niet dat jij ziek bent! Hij wil ook niet dat je pijn lijdt. De pijn komt niet van God.

Spreek het uit:

God wil niet dat ik ziek ben, God wil niet dat ik pijn lijd.

Schrijf het op:

Een woord is genoeg om te genezen! We hebben niet meer nodig en daarom weet ik dat dit gebed ook jou zal raken. Jezus genas de slaaf van de Romeinse leger hoofdman op basis van zijn geloof. Jezus hoefde alleen de genezing uit te spreken.

En dat woord van Jezus is ook nu nog actueel. Zoals God eeuwig is, is ook zijn woord eeuwig. Dit woord zal daarom ook in jouw leven gaan werken.

Psalm 107:20
Hij zond Zijn woord uit, genas hen
en bevrijdde hen uit hun grafkuilen.

Vandaag zend ik zijn woord naar jou en je zal genezen in
de machtige naam van Jezus Christus.

 **Gebed**

Bid samen met mij en spreek de woorden van dit gebed uit
in geloof! Kom echt in overeenstemming en laat het geloof
in je leven werken.

Mijn Heer, onze hemelse vader,
Ik prijs u met heel mijn hart, U bent groot en machtig en mijn Heer
en meester.
U naam zij gelooft, van nu af aan tot in eeuwigheid.
U bent verheven boven alle volken. Boven de hemel is al uw
Heerlijkheid.
U bent de koning der koningen en de Heer der heren!
God van Abraham, God van Izak, God van Jakob!
Ik dank u voor uw zegeningen en openbaringen!
Ik dank u voor de genezing en de bevrijding die ik vandaag ga
ontvangen.
U bent Jehovah Rapha! Onze heelmeester!
U bent onze sterke toren, de rots waarop we vertrouwen!
De alfa en omega, begin en einde!
Ik hou van u, mijn hemelse vader.

Ik vraag uw vergeving voor mijn zonden en de zonden van mijn
familie. Vergeef me! ¡Heb genade met mij!

Vergeef me voor alle ziekte deuren, die ik in mijn leven geopend heb door angst, schuld, zelfhaat, onvergevingsgezindheid, bitterheid, zonde, trots of rebellie.
Al deze zaken worden nu vernietigd in de naam van Jezus Christus.
Deze deuren gaan dicht en worden nooit meer geopend.

Ik ontvang nu genezing door de striemen van Jezus Christus!
Bij iedere zweepslag, bij iedere spijker die Jezus ontving, word ik genezen.
Ik breek alle vloeken van zwakheid en ziekten in mijn lichaam in de naam van Jezus Christus.
Alle vloeken van vroeg overlijden worden verworpen in Jezus zijn naam.
Alle vloeken van hekserij en voodoo in mijn lichaam en mijn familie worden nu keihard gebroken!
MET VUUR EN KRACHT VAN JEZUS CHRISTUS!
Ik breek alle ziekte in mijn lichaam in Jezus zijn naam!
Ik beveel ziektes in mijn lichaam nu te vertrekken in de machtige naam van JEZUS CHRISTUS!!
Luister liegende duivel! Je hebt totaal niets meer te doen in mijn lichaam in de naam die boven alle namen is.
JEZUS CHRISTUS!!

Weg helemaal weg!!
Alle demonische virussen! Jullie worden verwijderd en in zee geworpen!! Met de kracht van het woord van Jezus Christus!
Ik spreek tegen diabetes, hoge bloeddruk, vormen van kanker, hart en vaat ziektes!
VERLAAT MIJ NU IN DE NAAM VAN JEZUS CHRISTUS!

Ik spreek tegen alle type van bot/spier aandoeningen, rug en wervel problemen, reumatische en andere ziektes.
IK beveel jullie om mij te verlaten in JEZUS zijn naam!!
Ik beveel nu dat alle verborgen ziekten en tumoren mijn lichaam verlaten in de naam van Jezus Christus!
Met vuur en kracht.
Alle zwakheden in mijn lichaam veranderen in bronnen van kracht in de naam van Jezus Christus.
De God van wonderen is hier! NU!
Hij geneest je met de creatieve kracht!
In de naam van Jezus Christus!!

AMEN AMEN EN AMEN!!

 Geneeskracht in je mond

Als je dit nu leest, wil ik je zeggen. Het maakt niet uit waar je nu bent of wat je nu voelt. Er is genezingskracht in het woord en in onze eigen mond.
Leg daarom je hand op de plekken van pijn in jouw lichaam.

En spreek nu tegen de pijn zoals Jezus tegen de ziekte en pijn sprak. Lees het volgende meerdere keren hard op. En iedere keer als er weer een pijn opkomt, spreek het krachtig en met autoriteit uit.

Geef pijn en ziekte geen nieuwe kansen meer in je lichaam. Jezus heeft de prijs al betaald.

 **Spreek het uit!**

Je verlaat mij nu in de naam van jezus christus!! (Herhaal meerdere keren)

Heilige Geest laat wonderen van genezing los in mijn lichaam in de naam van Jezus Christus! (Herhaal meerdere keren)

Ik geloof u God voor wonderen van genezing in mijn leven en in mijn familie!

Ik dank u God voor uw genezing en verlossing! In de Naam van Jezus Christus!

Mijn lichaam is in uw handen en mijn dagen zullen zijn zoals die van Abraham!!

DANK U!! AMEN EN AMEN!

GEBED VOOR VOLLEDIG HERSTEL

🎙 Introductie

In dit gebed gaan we bidden voor een volledig herstel. Veel broeders en zusters hebben nog moeite om tot een volledig herstel te komen. Er is wel een bevrijding, maar toch is er nog iets, waardoor je je nog niet volledig vrij voelt. Er is wel genezing, maar toch voel je nog iets dat steeds terug lijkt te komen. Je lijkt een stem te horen die je zegt: "Het is nog niet goed.".

In dit gebed gaan we afrekenen met al die twijfel en gaan we God vragen voor volledig herstel!

📖 Alles komt terug

Alles wat de duivel je heeft proberen af te nemen komt dubbel terug bij jou.

Job had praktisch alles verloren. Maar kijk wat er staat in hoofdstuk 42 vers 10 tot 12.

Job 24:10-12
10 Toen Job voor zijn vrienden had gebeden, gaf de Here hem zijn rijkdom en geluk weer terug. Hij gaf hem zelfs tweemaal zoveel als vroeger. 11 Daarna kwamen al zijn broers, zusters en zijn vroegere

vrienden en bekenden naar zijn huis voor een feestmaal. Zij beklaagden hem om alles wat hij had moeten doormaken en troostten hem na alle ellende die de Here hem had bezorgd. Ieder bracht een geldgeschenk en een gouden ring voor hem mee. 12 Op die manier zegende de Here Job aan het eind van zijn leven meer dan Hij aan het begin had gedaan. Want nu bezat hij veertienduizend schapen, zesduizend kamelen, duizend span ossen en duizend ezels.

Zoals Job volledig werd hersteld in Gezondheid, in Financiën, in Liefde en in vrijheid, zo zal jij ook volledig herstel ontvangen in de geweldige naam van Jezus Christus.

Er is namelijk een heel belangrijk verschil tussen Job en ons. Job had Jezus Christus niet. Hij had niet het oude testament en ook niet het nieuwe testament. Hij had dus geen woord waarop hij kon gaan staan. Maar wij wel! Wij hebben krachtige woorden in de bijbel die bevestigen dat God ons niet alleen geneest maar ook volledig zal herstellen. Geloof daarin.

Romeinen 8:28
En wij weten dat voor hen die God liefhebben, alle dingen meewerken ten goede, voor hen namelijk die overeenkomstig Zijn voornemen geroepen zijn.

✋ Heb jij God lief?

Heb jij God lief? Aanbid jij God met heel je hart? Er staat hier "wij weten"! En ik weet het ook! En jij weet het nu ook. Alle dingen, niet enkele, niet een beetje, maar alle dingen gaan meewerken ten goede! Ik zeg je: als jij vandaag dit boek leest ben je ook geroepen overeenkomstig Zijn voornemen. In de naam van Jezus Christus!

Ook al voel je nog wat, ook al heb je nog wel eens slapeloze nachten! Alle dingen werken mee ten goede! Hij heeft een plan voor jou! Geen slechte plannen! God zegt je nu:

**Ik heb mooie plannen voor jou.
Plannen vol vrede, niet vol ellende.**

✋ Laat geen twijfel toe in je leven!

Laat daarom geen twijfel toe in je leven. Die twijfel is namelijk een ingang waarvan de duivel gebruikmaakt. Toen ik genezen was van een hernia, stond ik af en toe op met weer pijn in mijn onderrug en soms keek ik naar mezelf in de spiegel en dan stond ik zo scheef als een hoepel. Dan kwamen snel de gedachten weer terug: "Die hernia is er weer. "Het gaat niet goed.". Ik liet me leiden door het moment, door mijn pijn, door mijn gevoelens en door wat ik zag, maar niet door mijn geloof!

*Jacobus 1:6
Maar laat hij er in geloof om vragen en daarbij niet twijfelen. Immers, wie twijfelt, lijkt op een golf van de zee, die door de wind voortgestuwd en op- en neergeworpen wordt.*

Maar ik keek mezelf aan in de spiegel! En sprak met autoriteit! Mijn rug is recht in de naam van Jezus Christus! Mijn wervels zijn goed in de naam van Jezus Christus. Ik ben al genezen en volledig vrij, dus twijfel, je gaat Nu weg in de naam van Jezus Christus.

 **Spreek het uit!**

Zeg daarom ook tegen die liegende duivel!
Ook al voel ik nog pijn!! Ik ben al genezen in de naam van Jezus Christus!
Ook al wil hij je nog lastigvallen! Ik ben al vrij! Gekocht met het bloed van Jezus Christus!!
Ook al vallen schuldeisers me nog lastig! Al mijn schulden zijn betaald door Jezus Christus!!

Ik laat me niet meer beïnvloeden door jou liegende duivel! Alle twijfel verlaat mij NU in de naam van Jezus Christus.

Zacharia 9:12
Gevangenen, kom terug naar de veilige vesting, want er is nog hoop! Ik beloof u hier en nu dat Ik u dubbel zal vergoeden wat u hebt geleden.

Dit geldt ook voor jou broeder en zuster!! Kom bij Jezus! Want er is nog hoop! Hij zal je vergoeden voor wat je hebt geleden.

 **Belijd je zonden**

Toch wil ik voor we gaan bidden iets belangrijks met je delen. Een heel belangrijke reden waarom er geen volledig herstel kan komen is het niet belijden van verborgen zonden. Het woord van God is daar heel duidelijk over. We kunnen pas voorspoed krijgen als we onze zonden belijden.

Spreuken 28:13
Wie niet voor zijn zonden uitkomt, kent geen voorspoed, maar wie ze belijdt en zijn leven betert, kan rekenen op liefde en genade

Neem daarom Jezus Christus aan in je leven, want dan ben je daadwerkelijk vrij.

Johannes 8:36
Als u door de Zoon van God wordt bevrijd, zult u werkelijk vrij zijn.

 **Bid samen met mij**

Ik nodig je uit om mee te doen. Spreek het hardop uit en vraag ook vergeving voor al je zonden.
Zelfs de zonden, die je misschien zelf al heel ver weg hebt verborgen! Ik weet zeker dat er ook voor jou volledig herstel kan komen.

Blijf geloven en kijk naar de Heer! Hij houdt zielsveel van jou en wil je echt alles geven.

ABBA Vader! Mijn Heer, mijn schepper!
In de Naam van Jezus Christus kom ik bij u.
Ik hou van U mijn lieve vader!
U heeft me zo vaak gered uit moeilijke situaties.
Ik ben nog hier omdat u zoveel van mij houdt. Ik adem nog omdat u
mij vasthoudt.
U bent de Christus, de Zoon van de levende God. Onze sterke rots
waar ik op bouw. Onze sterke toren. Doet U wil mijn Heer! Hier
op aarde zoals ook in de hemel!

Ik kom tot u in alle nederigheid.
Vergeef me mijn zonden! Vergeef mij ook voor alle verstopte en
vergeten zonden. In de naam van Jezus Christus.
JEZUS!!
Ik vraag u met heel mijn ziel. Maak mij schoon mijn Heer! Reinig
mij!
Ik prijs u omdat u mijn Helper bent.
Ik prijs u voor de overtuiging, correctie en bescherming van uw Heilige
Geest in mijn leven.
Ik nodig u uit Heilige geest in dit gebed.
Raak mij aan en ondersteun me in dit gebed met onuitspreekbare
verzuchtingen.

Vader ik kom tot u en ik verzoek voor volledig herstel in mijn leven
in de naam van Jezus Christus!

Ik blokkeer alle kwaadaardige krachten die tegen mij worden
georganiseerd in de machtige naam van Jezus Christus.
Alle altaren die tegen mijn leven zijn opgezet, worden nu vernietigd
met vuur en vlam door Jezus Christus!
Alle nieuwe plannen die demonen organiseren tegen mijn leven worden

nu geannuleerd in de naam van Jezus Christus!
IK beveel dat alle spirituele en fysieke parasieten en verslinders mij
NU voor altijd en zonder terugkeer verlaten!

IN DE ALMACHTIGE NAAM VAN JEZUS
CHRISTUS! De naam die boven alle namen is!!

Alle geesten van twijfel verlaten mij!
Geen enkele twijfel kan mijn gedachten of hart beïnvloeden!
In de naam van Jezus Christus komt alles wat de vijand mij af heeft
genomen terug! Mijn Heer, repareer in de naam van Jezus Christus
alles wat kapot is gemaakt in mijn leven!
Ik verzoek u mijn Heer, herstel mijn gezondheid in de naam van
Jezus Christus!
Ik verzoek u mijn Heer, herstel mijn financiën in de naam van Jezus
Christus!
Ik verzoek u mijn Heer herstel de liefde in mijn familie en mijn
huwelijk in de naam van Jezus Christus!
Ik beveel dat alle deuren die door de vijand waren gesloten, nu worden
geopend in de naam van Jezus.
Mijn Heer, ik vraag u, in de machtige naam van Jezus Christus!
Herstel alles en vermenigvuldig de zegeningen in mijn leven!
Alle bergen van problemen in mijn leven, gooi ik in de diepste zee in
de naam van Jezus Christus!
Ik annuleer elk effect van occulte hulp die ik in het verleden heb
ontvangen in de naam van Jezus.
Ik annuleer elk effect van terugvallen op oude verslavingen in de
naam van Jezus Christus!!

Ik ontvang nu volledig herstel, volledige genezing, volledige vrijheid in
de naam van Jezus Christus!

Mijn Heer, ik vraag u om herstel en niet alleen voor mij, maar voor alle generaties die uit mij(of uit mijn familie) voortvloeien in Jezus zijn naam!
Ik ontvang nu kracht voor een nieuw begin, in de
NAAM VAN JEZUS CHRISTUS!

AMEN AMEN EN AMEN!

GEBED VOOR GENEZEN EMOTIONELE PIJN

Introductie

Met dit gebed gaan we alle oude emoties en pijn genezen in jouw leven. Veel broeders en zusters hebben last van oude verborgen emoties en pijnen in hun leven. Gebeurtenissen in je verleden zijn littekens op je hart, waardoor je blokkades ervaart in je relatie met God, maar ook in je huwelijk en in relaties met familie en broeders.

Als gevolg van het niet genezen van opgekropte emotionele pijnen, komen de volgende demonen tot uiting zoals: wrok, haat, woede, angst, afwijzing (het gevoel van ongewenst en onbemind te zijn), zelfmedelijden, jaloezie, depressie, zorgen, minderwaardigheid en onzekerheid.

Stap 1 - vergeven

Het is belangrijk om eerst te vergeven. Dit lijkt makkelijker gezegd dan gedaan. Helaas heb ik veel counseling gedaan met broeders en zusters die compleet vast zaten omdat ze niet konden vergeven.

Mattheüs 6:14-15
14 Want als u de mensen vergeeft wat zij verkeerd hebben gedaan, zal uw hemelse Vader ook u vergeven wat u verkeerd hebt gedaan.

15 Maar als u hen niet vergeeft, zal uw hemelse Vader ook u niet vergeven.

Kolossenzen 3:13 (NBV)
Verdraag elkaar en vergeef elkaar als iemand een ander iets te verwijten heeft; zoals de Heer u vergeven heeft, moet u elkaar vergeven

Doe hier niet luchtig over. Dit is essentieel om te breken met al die oude emoties. Ik heb grote doorbraken gezien, wanneer er vanuit heel het hart wordt vergeven.

 **Heb jij al vergeven en vergeten?**

Veel mensen zeggen, ik vergeef maar vergeet niet. Dat is niet vergeven. Je moet vergeven én vergeten! Dat betekent dus geen oude koeien uit de sloot halen.

Je moet die belediging niet meer in relatie brengen met degene die je pijn heeft gedaan. Laat alles los, zodat je die persoon zonder pijn weer kan zien.

Neem even de tijd en schrijf de namen op van iedereen die je moet vergeven!

🔥 Herhaal het volgende

Mijn Heer in de naam van Jezus Christus, vergeef ik iedereen (naam….) die mij op fysieke of emotionele wijze schade heeft berokkend.

Doe dit voor iedereen van wie je de naam hebt opgeschreven. Vader, Moeder, Broers, Zussen, Bazen, Collega's, Pastors, Vrienden…

Zeg luid:

Ik vergeef (naam) voor alles wat hij/zij mij heeft aangedaan in de naam van Jezus Christus.

📖 Stap 2 – vreugde in de plaats van rouw

Wat je nodig hebt, is vreugde in de plaats van rouw. Veel Christenen zijn triest, het lijkt alsof ze in rouw zijn.

Kortgeleden hebben we een heftige strijd gehad, met een vrouw die zeer emotioneel was gebonden door demonen van rouw en onderdrukking. Het leek of ze altijd boos was.

Maar toen ze na een heftige strijd bevrijd was van die demonen in de naam van Jezus Christus, kwam er een glimlach tevoorschijn.

Jesaja 61:1-3

61 De Geest van God de Here rust op mij, omdat de Here mij heeft gezalfd tot brenger van goed nieuws aan mensen die lijden en worden onderdrukt. Hij heeft mij gestuurd om mensen met gebroken harten te troosten, voor gevangenen vrijlating uit te roepen en hen die opgesloten zitten, te bevrijden. 2 Hij heeft mij gestuurd om aan mensen in de rouw te vertellen

dat de tijd van Gods genade voor hen is gekomen, maar ook de dag van zijn toorn tegen hun vijanden. 3 Aan allen die in Israël rouwen, geeft Hij schoonheid in plaats van as, vreugde in plaats van rouw, lof in plaats van neerslachtigheid. Want God heeft hen geplant als sterke en rechtvaardige eiken ter wille van zijn eigen glorie.

 **Herhaal het volgende**

Mijn Heer Jezus Christus. Ik geef me volledig over aan u. Neem alle triestheid weg uit mijn leven en geef me er vreugde voor terug!

 **Stap 3 – Vrede**

Het laatste wat je nodig hebt is vrede! Je moet vrede hebben in je leven. Demonen willen altijd je emoties controleren en geven kwelling in plaats van vrede.

Het woord leert on dat we zoveel mogelijk met iedereen in vrede moeten leven.

Romeinen 12:18
Probeer, voor zover het van u afhangt, met iedereen in vrede te leven.

Petrus zegt ons zelfs dat we ons uiterste best moeten doen om in vrede te leven.

1 Petrus 3:11
Keer het kwaad de rug toe en doe wat goed is.
Probeer in vrede te leven, doe daar uw uiterste best
voor.

 Herhaal het volgende

Mijn Heer, maak me vrij van alle kwellende geesten
in mijn leven en geef me vrede met mijzelf en met
iedereen in mijn omgeving. In de Naam van Jezus
Christus.

Voor je het gebed gaat doen, sta nogmaals stil bij het
vergeven, leven in vreugde en vrede in plaats van in rouw.

**Mediteer daar nogmaals over. Wat doet je nog zo
pijn?**

Schrijf het op! Het helpt om het op te schrijven.

🔥 Gebed

Ga voor dit gebed echt naar een rustige plek. Ergens waar je echt alleen bent!

Mijn Heer, ik prijs u.
U bent groot en machtig, onze Heer en meester en ik hou van u, mijn Heer!
U bent de koning der koningen en de Heer der heren!
God van Abraham, God van Izak en God van Jakob!
U bent Jahweh Nissi! De vlag(banier) van de overwinning!

Ik dank u voor genezing en de bevrijding van alle emoties en pijn die ik vandaag ga ontvangen
U bent mijn sterke toren, de rots waarop ik vertrouw!
De alfa en omega, begin en einde! Ik hou van u, mijn Hemelse Vader.
Hemelse Vader, ik kom tot u en vraag vergeving voor al mijn fouten en zonden in de naam van Jezus Christus.

Kom Heilige Geest! Kom met uw kracht in mijn leven en ondersteun mij in dit gebed!

In de naam van Jezus Christus, verwerp ik alle geesten die mijn emoties beïnvloeden in de naam van Jezus Christus.
Ik verwerp alle vastgeroeste pijnen in mijn hart en mijn hoofd, in de naam van Jezus Christus.
Ik bind en verbreek alle herinneringen van emotioneel misbruik in mijn leven, in de naam van Jezus Christus.
Alle nare herinneringen die in mijn gedachten rondspoken, worden nu uit mijn leven getrokken in de naam van Jezus Christus!

Mijn Heer ruim al het emotionele afval in mijn leven op, in Jezus zijn naam!

Ik verbreek en verwerp alle frustraties in mijn leven, in de naam van Jezus Christus.

Alle emotionele wonden en littekens worden nu genezen in de naam van Jezus Christus!
In de machtige naam van JEZUS CHRISTUS!!
Ik bind en verwerp alle demonen van onzekerheid en minderwaardigheid in mijn leven, in de naam van Jezus Christus.

Alle negatieve gedachten, alle pijnen in mijn hart verdwijnen nu, in de naam van Jezus Christus.
Alle pacten/banden en overeenkomsten die ik in het verleden gevormd heb met heksen, families, vrienden of overheden, worden nu in zijn totaliteit geannuleerd in de naam van Jezus Christus.
Alle ziekten in mijn leven, gerelateerd aan verstopte emoties en pijn, worden nu genezen in de naam van Jezus Christus.

Alle emotionele barrières in mijn leven, worden nu doorbroken in de machtige naam van Jezus Christus.
Ik voel me weer veilig om dichtbij te komen.
Alle negatieve angst en afweer richting anderen, is nu verwijderd in Jezus zijn naam!

Ik ontvang vergeving en de kracht van Jezus om ook anderen te vergeven.
Al mijn bitterheid en rouw verandert nu in vrede en vreugde! In de naam van Jezus Christus!
Vanaf vandaag, zal Jezus mij helpen om van het leven te genieten en

vriendelijk te zijn voor iedereen (heb u naaste lief als uzelf! Marcus 12:30).
Alle donkere delen in mijn hart, ontvangen nu een nieuwe uitstroming van het vuur en licht van de Heilige Geest, in de naam van Jezus Christus!

Amen!

Alle Frustratie, angst en emotionele pijn zijn nu weg uit je leven!! Laat nooit meer nieuwe toe in je leven!

GEBED VOOR HERSTEL ENERGIE

Introductie

Er zijn vaak momenten in het leven waarop we geconfronteerd worden met een gebrek aan energie. Het is een bekend gevoel van zwakte, gebrek aan vitaliteit en totale uitputting.

Ik herinner me nog goed hoe ik na mijn herstel van Covid plotseling merkte dat mijn energie volledig verdwenen was. Mijn lichaam voelde als een leeg vat, doorweekt van vermoeidheid. Het was zelfs zo erg dat ik de motivatie verloor om zelfs maar te bidden.

Wellicht herken je dit gevoel van leegte en vermoeidheid. Misschien heb je zelf ook ervaren hoe alle energie uit je lichaam lijkt weg te vloeien, waardoor je je machteloos voelt.

Maar ik wil je aanmoedigen om niet te blijven hangen in deze vermoeidheid. We kunnen breken met deze uitputting en bidden voor herstel van energie in ons leven.

Het gebed kan een krachtig middel zijn om ons op te laden en de bron van hernieuwde energie aan te boren.

In tijden van vermoeidheid biedt het woord van God ons ook troost en bemoediging. Een passage die me altijd inspireert, is te vinden in Jesaja 40.

Jesaja 40:29-31
*29 Hij geeft de vermoeide kracht en Hij vermeerdert
de sterkte van wie geen krachten heeft. 30 Jongeren
zullen moe en afgemat worden, jonge mannen zullen
zeker struikelen; 31 maar wie de HEERE verwachten,
zullen hun kracht vernieuwen, zij zullen hun vleugels
uitslaan als arenden, zij zullen snel lopen en niet
afgemat worden, zij zullen lopen en niet moe worden*

Deze woorden herinneren ons eraan dat God de
vermoeide kracht schenkt en de zwakken sterkt. Het maakt
niet uit of we jong of oud zijn, of we ons in een fysiek of
geestelijk uitdagende situatie bevinden - wanneer we onze
hoop op de Heer vestigen, zal Hij ons vernieuwen en ons
de energie geven om vooruit te gaan. Net zoals arenden
hun vleugels uitslaan en met kracht en gratie door de lucht
vliegen, zo kunnen ook wij verdergaan, snel en zonder
uitputting.

Richt je op God en vertrouw op Zijn belofte van
vernieuwde kracht. Stel je open voor Zijn genezende hand.
Door middel van gebed zal je geloof sterker worden!
Met Zijn hulp zal je opnieuw energie vinden. Hij is altijd
bij je en hij zal je altijd versterken.

 **Herhaal het volgende**

Ik ben vermoeid, maar ik krijg kracht van God!
Ook al heb ik nu geen kracht, God vermenigvuldigt

mijn kracht!!

 **Geef niet op!**

Geef niet op! Blijf niet liggen op bed! Die moeheid en slaap komt niet van God. Al die energie die uit je lichaam is gezogen komt vandaag weer terug in de naam van Jezus Christus!!

Spreuken 20:13
13 Heb de slaap niet lief, anders wordt u arm,
open uw ogen, verzadig u met brood.

Vandaag krijg je weer energie! Je krijgt weer Vuur om God te dienen!!

Romeinen 12:11
Word niet lui in het dienen van de Heer, maar dien
Hem vol vuur.

Wees geduldig met jezelf. Het komt echt weer goed. Wel adviseer ik gewoon goed naar je lichaam te luisteren en stap voor stap meer te doen.

Jouw vermoeidheid is niet permanent. Wanneer je innerlijke energie sterker wordt, zal ook je fysieke energie met stappen vooruit gaan! Blijf altijd gefocust op God, hij is de oneindige bron van energie. De zon stopt er een keer mee, maar God zal altijd schijnen! Dus ik zeg je vandaag:

Kom op! Gooi alles van je af en laat God je vullen met zijn kracht!!

🔥 Gebed

Mijn Heer vandaag kom ik tot u! Ik prijs u mij Heer, u bent almachtig en krachtig!
Mijn Geneesheer die zelfs de doden kan opwekken!
Ik dank u voor uw zegeningen, en openbaringen!
Ik dank u voor de genezing, de bevrijding, de kracht en energie die ik vandaag ga ontvangen
U bent Jehovah Rapha!
Ik vraag uw vergeving voor mijn zonden in de naam van Jezus Christus.
Heilige Geest, ik nodig u uit in dit gebed! Ondersteun mij met onuitspreekbare zuchten in dit gebed!

Vader, ik heb gestreden maar ik kan niet meer.
Geef mij nu kracht en energie in de naam van Jezus Christus!!
Ik bind en breek alle energie slurpende demonen in mijn leven, in de naam van Jezus Christus!
Ik bind en breek alle geesten van luiheid in mijn leven, in de machtige naam van Jezus Christus!
Ik bind en verwerp alle geesten van vermoeidheid uit mijn leven!! Nu in de naam van Jezus Christus!
In de krachtige naam van Jezus Christus, bind en verwerp ik elke geest van depressie en negativiteit!

Ik beroep me op de autoriteit en het gezag dat ik heb in Christus, om deze geesten te overwinnen en uit mijn leven te verbannen. Ik claim mijn vrijheid en mijn vreugde terug, wetende dat Gods genade en kracht mij ondersteunen.

Ik sta op! In de naam van Jezus Christus!
Ik schud het stof van mijn voeten af!!
Ik kijk niet meer terug! In de naam van Jezus Christus!
Ik ontvang nu hernieuwde energie in de naam van Jezus Christus!
Ik ontvang vleugels als van Arenden, in de almachtige naam van Jezus Christus!
Alle vermoeidheid is uit mijn leven!! In de naam van Jezus Christus!
De Here staat aan mijn zijde als een machtig strijder! In de naam van Jezus Christus!
Wat er ook komt, wat er ze ook doen, ze kunnen mij niet verslaan!
Jezus is de overwinnaar en Hij vecht voor mij!
Wie er ook komt! Zij zullen worden beschaamd en vernederd in de almachtige naam van Jezus Christus!!
Ik vraag u mijn Heer, help mij om alles los te laten!
Ik laat nu los! In de naam van Jezus Christus!
Dank u Jezus!
Amen en Amen!!

ONTVANG NU IN DE NAAM VAN JEZUS
CHRISTUS VOLLEDIG HERSTEL VAN ENERGIE!!
KRACHT EN VUUR VAN DE HEILIGE GEEST!!

DEEL 5
OCHTEND &
AVOND
GEBEDEN

WAAROM OCHTEND EN AVOND GEBED?

🎤 Introductie

Het ochtend- en avondgebed is belangrijk omdat het ons de gelegenheid biedt om bewust contact te maken met God aan het begin en het einde van de dag. We erkennen dat we afhankelijk zijn van Hem. We danken God voor alle zegeningen in ons leven.

Zowel het ochtend- als het avondgebed kunnen ons helpen om een diepere relatie met God te ontwikkelen en ons te herinneren aan Zijn aanwezigheid en zorg in ons leven.

Ik heb persoonlijk ervaren dat het missen van gebed in de ochtend de gehele dag moeilijker maakt. Het lijkt of alles dan net even iets stroever gaat.

Bij het niet bidden in de avond voor het slapen gaan zijn de nachten vaak onrustig. Er ontbreekt rust en je lichaam kan niet ontspannen. Ook is er veel meer kans op slechte dromen, en nachtmerries, als we niet eerst bidden voor we gaan slapen.

Het is belangrijk op te merken dat het tijdstip van gebed

niet het belangrijkste is, maar het gaat erom dat we bewust tijd maken om met God te communiceren en Hem in ons dagelijks leven te betrekken.

Ik raad je wel aan om voor het ochtendgebed en na het avondgebed alle afleiding, zoals telefoon, internet, televisie te weren.

Wat zegt de bijbel over het ochtendgebed?

Psalmen 5:4
4 Elke morgen kijk ik omhoog naar U en wacht op uw antwoord, en U hoort mij roepen.

Kijk elke morgen omhoog! Roep! EN wacht op zijn antwoord! Ik weet zeker dat Hij je zal antwoorden.

Psalmen 90:14
14 Laat ons 's morgens vroeg al uw goedheid en liefde mogen ervaren, dan zullen wij juichen en elke dag met blijdschap beleven.

Spreek dit uit en begin de dag met de goedheid en liefde van God. Wat een mooie belofte van God dat je zal gaan juichen en de dag met blijdschap zal beleven. Niet één dag, maar elke dag in de wetenschap dat Jezus bij je is!

Psalmen 4:9
Ik ga rustig liggen en slaap vredig in,
ik weet dat alleen U mij beschermt, Here!

Dit is één van mijn favoriete Bijbelverzen. Alleen deze met vertrouwen uitspreken, is al een goede manier om te gaan slapen. Rustig liggen kan alleen als er overgave is aan de Here! Je kan echt rustig gaan slapen als je op God vertrouwd.

Psalmen 141:2
2 Laat mijn gebed U als een reukoffer bereiken.
Laten mijn opgeheven handen voor U als een
avondoffer zijn.

Ook al ben je moe. Hef je handen toch even op als een kind dat de armen van zijn vader zoekt. Hij zal je vastpakken en laat je niet los! Wat er ook gebeurt, Hij zal jou ontvangen en zich over jouw ontfermen.

✋ Schrijf je zorgen op

OCHTENDGEBED OM STERK OP TE STAAN

🎙 Introductie

Het woord van God leert ons, dat we naar Hem kunnen komen als we vermoeid zijn en onder lasten gebukt gaan.

Mattheus 11:28
Kom naar Mij, jullie die vermoeid zijn en onder lasten gebukt gaan, dan zal Ik jullie rust geven.

Helaas doen we dat niet altijd en proberen we, op onze eigen manier onze vermoeidheid of problemen op te lossen.

Psalm 121:8
De Heer zal je beschermen, waar je ook bent, waar je ook gaat, nu en voor altijd.

Het maakt niet uit waar je op dit moment bent. Het maakt niet uit wat je plannen zijn voor vandaag, waar je heen moet gaan op deze dag. De Heer zal je beschermen! Dit woord is namelijk ook voor jou vandaag. Je bent niet zomaar iemand, je bent een zoon of dochter van God. De maker van de hemel en de aarde zal jou beschermen.

Geloof je dat?

Met dit gebed gaan we God danken voor de nieuwe dag en bidden om weer met kracht op te staan. Gedurende de dag kunnen er veel obstakels zijn en is er vaak veel lawaai. Start je dag daarom echt even op een rustige plek, afgezonderd van die veel te drukke wereld.

 **Gebed**

Hemelse Vader,
Ik kom bij u op deze nieuwe en mooie dag. Ik prijs ik U.
U verdient alle glorie en alle eer.
U bent de koning der koningen en Heer der heren en ik dank u voor deze nieuwe dag die u mij hebt gegeven.
Ik dank u voor de rust van de nacht en alle liefde die ik ontvang.
U bent mijn sterke toren, de rots waarop ik vertrouw!
De alfa en omega, begin en einde! Ik hou van u mijn hemelse vader.
Ik dank u voor alles wat ik heb ontvangen en wat ik vandaag ga ontvangen.
Ik vraag uw vergeving voor mijn zonden.
Ik erken dat ik een zondaar ben en dat ik zelfs met mijn gedachten of in mijn dromen kan falen.
Ik vraag vergeving. Heb genade!
Heilige Geest, ik nodig u uit om mij in dit gebed met onuitsprekelijke zuchten te leiden.
Mijn leven is in uw handen.
Heilige vader bescherm me op deze dag! Waak voor mij!
Bescherm mijn familie, vrienden en collega's.
Waak voor hen!
Bescherm mijn leven thuis, op het werk en onderweg.
Heilige Geest, geef mij uw kracht zodat ik alles wat ik vandaag van plan ben kan uitvoeren.

Neem elk struikelblok weg en vergroot mijn geloof in de naam van Jezus!

Stuur engelen rond mijn leven, waar ik ook ga of sta. Bescherm mij tegen fouten.

Elke negatieve invloed op mij is nu tenietgedaan! In de naam van Jezus!

Ik zal met opgeheven hoofd in geloof wandelen.

Ik ontvang de kracht van God, in de naam van Jezus Christus!

Geen enkele ziekte kan mij nog aanraken vandaag!

Ik ben gekocht met het bloed van Jezus Christus!

Ik ben kostbaar voor de Heer!

En wanneer ik me zwak voel, word ik krachtig in Jezus!

Ik sta op met energie en stap met vertrouwen in de dag!

God is met mij!

AMEN AMEN EN AMEN!!

Zijn liefde is krachtig in jou

✋ **Schrijf je getuigenis. Het resultaat van je gebed!**

OCHTENDGEBED TEGEN FINANCIELE PROBLEMEN

🎤 Introductie

In dit ochtendgebed gaan we bidden, tegen de ellende van financiële problemen. We gaan breken met alle demonen van armoede. En bidden voor een totale financiële doorbraak in jouw leven.

Dit is één van de meest voorkomende gebedsverzoeken. Er is namelijk ook een geestelijke strijd op het gebied van financiën.

Efeze 6:12
Want wij vechten niet tegen mensen, maar tegen onzichtbare wezens: de duivelse Heersers en machten die deze donkere wereld tiranniseren, boosaardige geesten in de onzichtbare wereld om ons heen.

Er is een strijd gaande!! Demonen van armoede en ellende zijn families binnengedrongen met als doel de vernietiging. Want ook al maakt geld niet gelukkig, veel problemen in gezinnen komen juist als gevolg van gebrek aan geld.

Beginnen met een gebed tegen financiële problemen, is daarom een goede manier om de dag goed te beginnen.

 Wat moeten we doen?

Het woord van God leert ons dat de duivel een dief is.

Johannes 10:10
De dief komt alleen om te stelen, te doden en te vernietigen. Ik ben gekomen om mijn schapen leven in overvloed te geven.

Dat is zijn doel! Niet alleen stelen, maar zelfs doden en vernietigen. Gezinnen en huwelijken worden verscheurd door de duivel. Maar hij heeft zich vergist! Hij heeft bij het verkeerde huis aangebeld.

Niet bij mij thuis!

Jakobus 4:7
Wees dus gehoorzaam aan God, maar verzet je tegen de duivel. Dan zal de duivel van je wegvluchten.

Wees gehoorzaam aan God, verzet je en de duivel zal van je wegvluchten in de naam van Jezus Christus!!
Hij vlucht uit je leven! Hij vlucht uit je huwelijk! Uit je huis!

Laat je niet gek maken! Houd je vast aan de volgende woorden van God en je zult zien dat Hij deuren van financiën opent.

Deuteronomium 28:2-6
Dit zijn de zegeningen die over u zullen komen, als u luistert naar de stem van de Here uw God: gezegend zult u zijn in de stad en in het veld, U zult gezegend zijn met veel kinderen, grote oogsten, grote kudden van kleinvee en rundvee, met fruit en brood. U zult gezegend zijn waar u binnenkomt en waar u naar buiten gaat.

Filippenzen 4:19
Mijn God zal jullie in alles overvloedig geven wat jullie nodig hebben. Want Hij geeft overvloedig omdat Hij Zelf overvloedig bezit. Hij geeft ons in Jezus Christus van zijn rijkdom.

 **Doe zelf ook je deel!**

Het is belangrijk op te merken dat gebed geen magische oplossing is voor financiële problemen. Je moet het aanvullen met praktische acties, zoals budgetteren, spaarzaamheid, en het nemen van verantwoordelijkheid voor financiële beslissingen.

Denk hier ook aan je spirituele verantwoordelijkheid op gebied van bijvoorbeeld tienden. God zegt zelfs beproef mij daarin.

143

MALEACHI 3:10-11
10 Breng de gehele tiende naar de voorraadkamer, opdat er spijze zij in mijn huis; beproeft Mij toch daarmede, zegt de Here der heerscharen, of Ik dan niet voor u de vensters van de hemel zal openen en zegen in overvloed over u uitgieten. 11 Dan zal Ik, u ten goede, de afvreter dreigen, opdat hij de vrucht van uw land niet verderve en opdat de wijnstok op het veld voor u niet zonder vrucht zij, zegt de Here der heerscharen.

 **Gebed**

In dit gebed gaan we breken met geesten van ellende en van armoede, met het doel om een doorbraak te forceren in je financiën.

Heer, U bent heilig, heilig, heilig. U verdient alle glorie en eer. Uw kracht en macht zijn onbegrensd. U bent almachtig, alomtegenwoordig en alwetend. Zonder U is er niets en niemand. U bent de Alpha en Omega, het begin en het einde. U bent onze onwankelbare rots waarop wij bouwen, onze toevlucht en sterkte. Uw troon, Heer, is een verterend vuur. U bent ontzagwekkend in al Uw werken. Ik zoek U vroeg in de morgen, mijn ziel en lichaam verlangen naar U.

Heer, ik vraag om vergeving voor mijn zonden in de naam van Jezus Christus. Heilige Geest, ik nodig U uit in mijn leven, zodat ik de vervulling van de Heilige Geest mag ervaren!

Vader, jij bent de JIREH, jij bent de leverancier, de Grote Onderhouder. Open het raam van de hemel en stort Uw zegen over mij uit totdat het overstroomt.

In de naam van Jezus Christus, breek en vernietig ik de vloek van armoede in mijn leven, als gevolg van zonden en foute beslissingen.

Ik verbreek en vernietig de vloek van armoede, ellende en financiële problemen, als gevolg van occulte activiteiten en werken van hekserij, in de naam van Jezus Christus!

Ik verbreek en vernietig de vloek van armoede, gebrek en schaarste, als gevolg van alle negativiteit die ik in mijn leven heb toegelaten, in de naam van Jezus Christus!

Alle demonen van ontmoediging, twijfel, verwarring en ongeloof verwerp ik ver uit mijn leven, in de naam van Jezus Christus! Jullie zijn niet meer welkom!!
ALLE TWIJFEL IS NU VERNIETIGT MET VUUR EN VLAM VAN DE HEILIGE GEEST!

In Jezus' Naam, verwijder ik de vloek van luiheid uit mijn leven!!
In de naam van Jezus Christus, verwijder ik alle slordigheid en desorganisatie uit mijn leven.
In de naam van Jezus Christus, vernietig ik alle onwil om mijn plichten en verplichtingen na te komen.

Ik verbreek en vernietig alle blokkades en obstakels die de duivel in mijn geest en denken heeft geplaatst.
Vanaf nu zal ik alle zegeningen die God voor mij heeft ontvangen!
In de machtige naam van Jezus Christus!!

Ik zal een doorbraak zien in mijn Financiën, in de naam van Jezus Christus!

Help mij goed alle middelen die ik ontvang te administreren en altijd de juiste financiële beslissingen te nemen, in de naam van Jezus Christus.

Ik verwerp alle vloeken en demonen van kwelling en verwarring, die mij niet in staat stellen de juiste beslissingen te nemen op mijn werk. Ik verwijder, in de naam van Jezus Christus, alle blokkades van succes en vooruitgang in mijn werk of handel!

Nieuwe kansen komen in mijn leven, in de naam van Jezus Christus! Gesloten deuren wijzen mij naar nieuwe deuren, die God voor mij opent in de machtige naam van JEZUS!

AVONDGEBED

🎙 Introductie

Dit avondgebed tegen slapeloosheid heeft als doel te zorgen voor een goede nachtrust, vrij van alle negatieve invloeden die je uit je slaap kunnen houden. Ik weet zeker dat je na het lezen en uitspreken van dit gebed met vertrouwen kan gaan slapen en dat je met volle energie morgen zal opstaan.

Op dit moment voel je je misschien gestrest of vermoeid en is het moeilijk om in slaap te vallen. Er zijn ook broeders en zusters, die al een lange tijd niet kunnen slapen omdat ze vaak duivelse enge dromen of nachtmerries krijgen en daardoor angst in hun lichaam hebben.

Lees vanavond voordat je gaat slapen, goed het woord van God en dit gebed voor jou en je zal tot rust komen.

📖 Ik zal je rust geven

Jezus zegt in zijn woord dat hij je rust zal geven.

Mattheüs 11:28
Kom naar Mij als je moe bent. Kom naar Mij als je gebogen gaat onder het gewicht van je problemen! Ik zal je rust geven.

Al zijn je problemen nog zo zwaar, al heb je nog zoveel dingen die je wilt doen. Geef alles aan Jezus. Hij zal voor jou strijden zodat jij rustig kan slapen.
Stop met vechten! In de naam van Jezus Christus. Hij geeft je rust! Laat alles los.

Romeinen 12:19
Straf mensen niet zelf voor wat ze jullie aandoen, maar laat dat aan God over. Want er staat in de Boeken: "Laat het aan Mij over om te straffen. Ik zal hun geven wat ze hebben verdiend, zegt de Heer."

Het is tijd om tot rust te komen. Het is tijd om te slapen met de aanwezigheid van God! Hij zal bij je zijn. Er is geen ruimte meer voor angst in je leven!

Jozua 1:9
'Wees vastberaden en vol vertrouwen!' Wees dus nooit bang. Want Ik, je Heer God, ben met je, waar je ook gaat!

Wat een mooie belofte van God voor jou vandaag. Ik ben bij je! Geloof in het woord van God. De Bijbel is er ook voor jou en daarom zeg ik je, hij is ook bij jou in de nacht! In je slaap ben je niet alleen. Kom tot rust en vertrouw op God.

Deuteronomium 31:6
Wees vastberaden en vol vertrouwen. Wees niet bang
voor hen. Want de Heer jullie God zal Zelf met jullie
meegaan. Hij zal jullie niet in de steek laten."

Geen droom, geen man, geen demoon kan je lastigvallen in de naam van Jezus Christus. Jezus zal bij je zijn, de gehele nacht en Hij zal je meenemen naar zijn aanwezigheid.

Hij geeft je een geschenk dat goed en volmaakt is, een geschenk uit de hemel, van de Vader van het licht. Hij blijft altijd en eeuwig dezelfde en Hij verandert nooit. Er zal nooit een spoortje duisternis in Hem te vinden zijn. De duisternis heeft daarom geen enkele macht over jouw leven.

 **Gebed**

Ga gemakkelijk zitten op je bed, of liggen met het nachtlampje aan en lees dit gebed. Probeer het helemaal uit te lezen en val volledig in slaap.

Vader, ik kom vanavond bij u. Ik aanbid u en ben dankbaar voor al uw liefde in mijn leven. U bent groot en machtig en heeft het recht op al onze lofzang. U bent de alfa en de omega, het begin en het einde, de rots op wie ik steun in de eeuwigheid. Ik dank u voor de zon en de maan, de zeeën en de bossen, de planten en bloemen, voor de vissen, de vogels en alles om mij heen.
Ik kom naar u en vraag om vergiffenis voor mijn zonden, in de naam van uw zoon Jezus Christus. Mijn leven is uw handen mijn Heer.

Heilige geest, ik nodig u uit in dit gebed. Kom in en op mijn leven in al uw aanwezigheid.

In de naam van Jezus Christus, verwerp ik alle negatieve gedachten in mijn leven.
Ik heb vanaf nu alleen gedachten van vrede, want de Heer heeft mooie plannen voor mij. Hij heeft een hoopvolle toekomst voor mij, in de naam van onze Heer Jezus Christus.
Alle aanvallen van duistere krachten en demonen, worden nu totaal geannuleerd in de naam van Jezus Christus. Ik ben gekocht en betaald met het bloed van Christus. Er is geen enkele onreine invloed in je bewuste en onbewuste leven meer mogelijk.
Alle liefde van God komt over mij en ik voel de rust van Hem in mijn leven.
Alle zorgen in mijn gedachten, worden nu verwijderd in de naam van Jezus Christus.
De berg van problemen wordt verplaatst en in de zee gegooid door Jezus Christus.
Ik ben vrij en zal in mijn slaap kracht van de Heer ontvangen.
Alle pijnen verdwijnen, want ik weet dat Jezus Christus de prijs heeft betaald.
De allerhoogste God neemt mij in bescherming.
Ik ben veilig in zijn schuilplaats!
Hij redt mij uit de vallen van de duivel, en beschermt mij tegen alle dodelijke ziektes in de Naam van Jezus Christus.

Ik voel de veiligheid van God om me heen. Hij zal mij beschermen en ik zal slapen in alle rust.

Maak je geen zorgen en wees niet bang. Geen enkel nachtelijk gevaar kan je bedreigen.

Ik ben vrij in de naam van Jezus Christus en zal tot een ongelofelijke rust komen deze nacht.

Amen

Ga rustig liggen en slaap vredig in, ik weet de here God jou beschermt!

AFSLUITING

Beste lezer,

Het gebed opent vele deuren, en ik wil je hartelijk bedanken dat je de tijd hebt genomen om dit boek te lezen. Met jouw hulp kunnen er nog vele anderen volgen.

Herhaal de gebeden zo vaak als je wilt en deel dit boek ook met anderen. Geloof en je zult ontvangen!

Neem gerust een kijkje op onze website: loveinchrist.nl. Daar vind je een schat aan informatie.

We hebben ook een YouTube-kanaal boordevol prachtige gebeden en Bijbelstudies. Als je ons wilt steunen, ga naar loveinchrist.nl/geven/.

Wil je met me in contact komen? Stuur dan een e-mail naar pastoranko31@gmail.com! Ik kijk ernaar uit van je te horen.

Hartelijke groeten,

Pastor Anko Beijleveld

SOLDAAT!

Buig je hoofd, bidt en sta op!

ER WOEDT EEN GEESTELIJKE STRIJD EN JEHOVAH WACHT OP JOU OP HET STRIJDTONEEL.

Pastor Anko Beijleveld

YouTube @pastoranko

www.loveinchrist.nl

9 789082 800432